把內心的遺憾收拾乾淨

了結心中的每個「放不下」，
讓心回歸清爽

蓋瑞・麥克萊恩博士
Gary McClain, PhD 著

姬健梅 譯

THE POWER OF CLOSURE

Why We Want It, How to Get It, and When to Walk Away

獻給每一個曾經試圖與另一個人達成「了結」的人：
那些成功做到的人、那些沒能做到的人，
還有那些在該放棄的時候坦然接受的人。
在這本書裡，我希望能在這條路上提供你指引、鼓勵和一點安慰。

CONTENTS

PART 3 如何尋求「了結」

PART 4 當你得不到你想要的「了結」

INTRODUCTION
引言

「假如我能夠得到了結……」最近你曾經聽見有人這麼說嗎？甚至也許是你自己這麼說？我猜想答案是肯定的。這可能就是你拿起這本書的原因。嗯，我也一樣。身為心理健康專業人員，這是我二十多年來最常聽見的話語之一。不論諮商當事人來接受治療是為了應付哀傷、失業、一段關係的結束、家庭關係失調、被診斷出罹患重症，還是其他種種問題，他們經常提出同樣的疑問：我如何能夠得到了結？

當你想到「了結」，你想到了什麼？也許是一段戀愛關係的結束。在分手之後，想要最後再說幾句話，以表達你的感受，嘗試了解所發生的事，「一了百了」地結束這段關係（或是看看這段感情是否還有機會），這乃是人之常情。或是有一位親人去世。當有人死去，不論你跟他們的關係是否健康，幾乎肯定總有些話來不及說，將永遠無法表達，或是有其他將永遠無法解決的遺憾。我們當然會希望自己能夠得到了結，即使不可能做到，或者說**尤其**是因為不可能做到。

讓我告訴你「了結」的基本真相，如同我在自己以及許多諮商當事人的生活中所體會到的：有時候我們能夠如願得到了結，有時候我們必須放棄。放棄你原本認為自己需要的「了結」，明白你無法得到，這可以是件把權力掌握在自己手中的行動！這就是「了結」的力量：不論你是否得到，它都會對你產生影響。

這就是我寫作此書的原因。長年在對話中談論這個主題，使我意識到幾乎每個人都曾經在某個時刻執著於此，但只有少數人真正理解。在此書中，我將說明「了結」究竟是什麼，我們為什麼想要「了結」，如何得到，以及在無法得到時該怎麼辦。（劇透警告：大多數時候我們都無法得到。）

我猜想你拿起這本書不是因為你在尋找一本輕鬆的暑期讀物。你之所以挑了這本書可能是因為你在生活中正努力想得到「了結」。如果是這樣，我對你懷有許多同情，而且對於你挑選了此書深感榮幸。我的願望與目標是希望在閱讀了接下來各章之後，你能得到一些對你個人而言具有價值的東西：

一個想法、一個範例、一些洞見，能讓你應用在自己的生活上，從而有自信地去尋求你需要的「了結」——或是反過來，認清該是轉身放棄的時候。生活未必都能給我們所想要的東西，但只要我們願意學習教訓，生活經常會給我們所需要的東西。

我和許多諮商當事人針對「了結」所做的談話既暖人心扉又令人心碎，伴隨著悲傷、沮喪、憤怒與恐懼等各種情緒，但也伴隨著解脫、快樂、歡喜和希望。但願你將能在後面的書頁中找到實用的建議與支持，能幫助你在生活中設法得到「了結」，或是安然度過無法得到「了結」的情況。知道你也許能從閱讀此書中獲益，這實現了我畢生的夢想。也許有一天你會讓我知道，也許這將會使我自己也得到「了結」。

PART

1

定義「了結」

CHAPTER 1 什麼是「了結」

如果你跟我一樣在心理健康領域工作，你會發現自己一再重複某些對話。我的每一個諮商當事人都是一個個體，有自己的人生經驗、觀點和目標，可是某些主題就是會一再出現。其中之一就是「了結」。儘管每個諮商當事人都是獨一無二的，有時候他們卻會說出同樣的話。

「假如我能夠得到了結……」

「在這件事情上他實在欠我一個了結。」

「她為什麼要逃避，不願意給我一個了結？」

而我太常聽到的一句話是：「我要求有個了結！」

可是「了結」是什麼呢？為什麼我們總是這麼想得到它？儘管我們經常談到「了結」，要加以定義卻出奇困難。

從字面意義來看，「了結」（closure）意指某件事情告終，例如一段戀愛關係的結束，一段工作關係的結束，或是一個生命的結束（這是最令人心碎的）。可是「了結」比這更複雜。事實上，有時候「了結」根本與結束無關，而是關於設法解決一個似乎經常出現的問題。

你如何知道自己因為欠缺「了結」而苦惱？以下是一些跡象。你可能會發現自己……

- 要求與某人對話，談談你們之間發生的事。
- 預先排練你想對某人說的話，好讓對方了解你的感受。（而且當你預想對方將如何回答——或你希望對方如何回答，你心裡會覺得很不自在。）
- 想像在你們做過這番「重要談話」之後，你和對方的關係將會是如何。
- 幻想對方會有什麼感覺，當你「報復」了他對你所做的事。

或是你可能發現自己想要……

- 回到你認為這段關係應有的狀態，彼此以公平的方式付出與接受。
- 終於得到你應該得到、而對方拒絕給你的東西，不管對方是有意或無意。
- 卸下內疚的重擔，當對方終於原諒你，不再追究你對他做過的某件事——或是反過來，你可能想要對方請求你原諒（你可能會原諒，也可能不原諒）。
- 為了你所做的貢獻而得到肯定與尊重。

如果上述清單中有任何一個陳述引起了你的共鳴，那麼你可能就需要得到「了結」。

想要得到「了結」的例子

要定義某件事物，有時候最好的辦法就是舉例，所以我在此舉出我執業時遇到的幾個綜合案例，當事人對我談起他們想要得到「了結」的理由。

艾莉與男友在交往兩年多之後分手。最後那幾個月他們之間的關係愈來愈僵——至今她仍然不確定原因何在。分手發生得很突然，就在一次導致兩人決定分道揚鑣的爭吵中。在那一夜之後，艾莉與這位前男友互傳了幾次簡訊，就只是問候彼此平安。她請求和他碰面，談一談所發生的事，但是他拒絕了。「我必須要有個了結」，她說。「為什麼他不讓我有個了結？」艾莉感覺心痛，渴望原諒，也真心感到憤怒……

湯米最近被裁員，失去他做了五年的工作。他和他的主管不總是意見一致，而他的主管在不滿意湯米的工作表現時，不只一次責怪過他。但是整體而言，湯米認為他們相處得還不錯。然後湯米被叫到人資部門，收到了裁員通知。那天他的主管不在辦公室，於是湯米收拾了個人物品就離開了。他寫了好幾封電子郵件給他的主管，詢問他們能否談談所發生的事，而他的主管沒有回覆。「他至少該給我一些回答，關於我的工作出了什麼問題」，湯米說。「我不能得到一些了結嗎？」湯米感到沮喪，對未來感到恐懼，也覺得很不公平……

亞曼妲患有一種慢性疾病，多年來都由同一位醫師診治。當亞曼妲說她喜歡她的醫生，她說的是真心話。她們曾一起經歷過一些艱難時刻，而亞曼妲尤其感激她能夠坦白地向醫生傾吐心聲。上星期，亞曼妲收到一封信，通知她那位醫師已經離職，她被轉診給某某醫生。亞曼妲深受打擊。「要承認這一點讓我覺得很尷尬」，她告訴我，「可是我以為她會跟我說再見，並且告訴我保持聯絡的方式。假如她這麼做了，她離職的事還是會令我難過，但至少我會覺得有個了結。」亞曼妲感到失望難過，也擔心要適應新醫師可能會遭遇的問題……

關於「了結」，我還有許多故事可說，有些來自諮商當事人的生活，有些來自我自己的生活。有些故事有好的結局，有些則否，但這些故事都彰顯出追求「了結」乃是我們的基本需求。

人生的重大事件——分手、失業、死亡，最可能觸發尋求「了結」的心理需求。但我也想指出，人類對「了結」的天生需求是如此強烈，會在我們生活的各方面出現，哪怕是在相對而言並不重要的情況下。

以下是幾個例子。

你在趕時間時衝進一家藥局領取處方藥。你等著輪到你，付了藥錢，就又衝出門去。忽然間，你意識到自己沒有花時間回應向你微笑道謝的藥劑師。你擔心自己會顯得失禮。你想著下一次再來這間藥局時但願能遇見同一位藥劑師，讓你能夠格外有禮貌地對待他。你甚至考慮要走回去，為了自己匆忙離去而道歉。你所尋求的就是「了結」。

或是你和一組同事正在開會討論一個專案。當你正在描述你試圖解決的一個問題，另一個同事打斷了你的話，提出一個解決辦法，與你正在敘述的解決辦法完全相同。當下你沒說什麼，因為從大局來看，這沒什麼大不了，可是你自覺受了委屈。你應該在會議中質問對方嗎？事後找對方談一談？去找你的主管？你明白你放不下這件事，除非設法把事情做個了斷。所有這些疑問都意味著你想要得到「了結」。

逐步替「了結」下定義

如同前面所說，要替「了結」下一個精準的定義很難，但我會盡力而為。依我之見，「了結」是由「終結感」與「明確感」來界定的一種情緒狀態。這表示你對某個情況不再有曖昧不清的感覺。你的疑問大多得到了回答，即便你未必喜歡所有的答案。當一種情況沒有讓你得到「了結」，你會常常去想它，甚至想個不停，試圖弄清楚事情何以會這樣發生，或是想像假如你採取了不同的行動，事情可能會如何。而當你得到了「了結」，你未必對事態的發展感到滿意，但是卻對事態有了更清楚的理解，不再覺得有必要花很多時間和精力在這上頭；你可以繼續前進，專注在其他事情上。

最令人滿意、也是大家最想得到的「了結」，往往涉及人際間的誠實溝通以及和平解決衝突，得到整體而言令你稱心的結果。不過，這不是「了結」的唯一形式。「了結」可能令人傷心或痛苦，可能令你為對方的行為（或是你自己的行為）感到遺憾，但是希望你能夠理解這些行為。你未必都會喜歡自己的疑問所得到的回答，可是只要這些疑問以令你滿意的方式得到了回答，而你覺得自己能夠拋下過去，那麼恭喜你，這就是「了結」。

比如說，與你交往了好幾年的人最近跟你分手了，而你無比震驚，完全沒料到這件事會發生。你本來覺得一切都很好，結果突然之間：砰！事情就發生了。在這種情況下，你可能會想要得到某種「了結」，對吧？

以下是「了結」可能發生的一種方式：你和前男友（或女友）碰面，談談你們各自給這段關係帶來了什麼，不管是有利於這段情侶關係成功的，還是不利於這段關係成功的。你們兩人都覺得從這番討論中對自己有了更多了解——哪些地方你們做得很好，哪些地方需要改進，以及你們未來應該尋找什麼樣的伴侶。談完之後，你們互相擁抱，然後離開，也許含著淚，也許帶著微笑，也許感到些許懊悔，懊悔這段關係沒有能夠更好，但現在明白了原因何在。

我把這視為一個典型的例子，是我們在結束一段關係時都想要經歷的。好萊塢也編不出比這更好的劇情。當我的諮商當事人處於這種情況，而我們討論到「了結」，這種場景就是他們最希望看到的。而儘管這種場景不算常見，卻的確會發生——至少是它的某種版本。

不過，以下是另一種場景：你的前男友（或女友）顯然情緒激動地來到你們碰面的地方。在你尚未開口之前，對方就對你進行言語攻擊，把你們這段關係裡出的差錯全都怪在你頭上，說他認為你這個人糟糕透頂。你根本插不進話。最後你起身離開，留下對方獨自發怒。

你可能會因為沒有機會說出你的看法而感到難過、生氣和沮喪，但這個不愉快的經驗或許的確回答了你的某些疑問。假如你曾經疑惑這段關係是否還有機會挽回，現在你可以確定答案是否定的。或者你可能明白了你的前男友（或女友）是個不講理或不厚道的人，少了他你會過得更好。這也許不是我們都想要的好萊塢式結局，可是如果這個結局使你理解了某些事，讓你能夠向前看，繼續過日子，那麼這也可以是另一種形式的「了結」。

「了結」以許多種不同的形式出現，而得到「了結」的一個關鍵在於敞開心胸接受下述這種可能性：即使得不到你期望得到的那種「了結」，也未必表示你沒有得到「了結」。這一點我將會在後面幾章加以討論。我們所想要、需要或自認為應得的「了結」未必都會以我們所希望的方式發生，但即使是不盡理想的「了結」也能解開我們的疑惑，使我們感到解脫。

人類對「了結」的需要

「了結」跟什麼有關？對我的諮商當事人來說，這個問題的答案往往是：一切！或者至少是跟他們的心理健康、幸福、自尊有關；這只是其中幾件他們認為關係重大的事。我們之所以渴望「了結」是因為我們需要表達自己的感受，需要徹底理解一件事何以發生，需要找到前進的路。我們也可能為了別的原因而尋求「了結」：為了原諒別人或是被原諒，為了澄清一個誤會，為了療癒我們自身的感受。

我們對「了結」的需要何以如此強烈？避免不確定的事物乃是人類的天性。我們會對抗、否認、逃避不確定的事物，並且因此而受苦。對於懸而未決的事、沒說出口的話、未與別人分享的感受、擔心自己沒能履行的義務，我們天生就會感到不安。人類想要**知道**。我們不喜歡心有懸念，討厭不明白一件事何以發生、不明白另一個人何以選擇做出某種行為。而視我們本身自我防衛的程度而定，我們也會想知道自己可能做了什麼而導致這種情況。

「想要知道」是種非常人性化的渴望，能使我們得到自己所尋找的理解，但也可能導致執念，使我們陷入不再握有權力的處境。而在缺少真實資訊的情況下，我們的大腦過於樂意介入，替我們編出可能導致更多痛苦與折磨的故事。

當我們想像著得到「了結」，事情似乎很簡單。兩個成年人坐下來，設法把事情解決。雙方描述各自的觀點，傾聽並且理解，針對如何向前邁進達成某種協議，不管是否要一起走下去。可是如同我們所知，人類是相當複雜的。任何一位治療師都會告訴你：整理情緒和釐清自我不是件容易的事。這需要你有能力表達自己的感受，能用言語表達你的想法和感覺，能夠聆聽而不懷著自我防衛的心態。這需要雙方互相遷就。以我的經驗，當你向另一個人尋求「了結」，你是在請求對方敞開胸懷、展現自己的脆弱、願意挺身而出與你進行誠實的討論。這可能是個很大的要求，當你和對方都被困在自己的人性中，包括人性的所有天賦、缺點和矛盾。

本章結語：我本身有關「了結」的故事

我母親常說：「假如每次聽見有人說……，我就能拿到五分錢的話……」我對「了結」這個字眼，也經常有這種感覺。身為心理治療師，我相信自己不是唯一有此感受的人。可是我必須要說，「了結」是我自己人生中一再出現的課題，而我經常懷疑自己是否因此而吸引了同樣試圖處理這個問題的當事人。當我開始寫作此書，我的心情正由於最近因「了結」而起的掙扎而十分沉重。以下是我的故事（至少是其中之一）。

我的好友大衛在他成長的國家擁有物業，在朋友的推薦下，他雇用了一位積極友善的年輕人協助處理物業的維修工作，此人名叫韋克多。大衛和我都認為韋克多很有潛力。大衛決定提攜他，開始定期資助他的基本開銷與學費，並且替他與他的家人提供其他協助。我也和韋克多成為朋友，偶爾幫忙提供一點小錢，也送給他一部新電腦。

可是幾年之後，大衛發現了幾件事，令他深感失望。他得知韋克多並未按照他所說的方式使用他接受的錢，而且還編了些故事來確保自己能繼續得到資助。大衛贈與韋克多的金錢相當可觀，如今他在情感上和財務上都受到損傷。看到他深深感覺被辜負，我覺得很難過。

一切都分崩離析，而大衛結束了他與韋克多的關係，在那之後，我又去那個國家造訪。自從那些事發生之後我就不曾再跟韋克多談過話，而他問我是否可以和他一起吃頓飯。我決定赴約，因為我想得到某種「了結」。只可惜我並未得到。在吃飯時，韋克多告訴我在他生活中發生的事，而我知道那根本不是事實。我覺得自己被辜負了，但是我更覺得擔心，擔心他所做的決定，擔心他人生的走向。

在我回美國之後，韋克多繼續傳簡訊給我，而我猶豫自己該不該回覆，因為我覺得自己應該站在大衛這一邊。可是大衛讓我自己決定，於是過了幾天之後，我簡短地回覆：**我希望你沒事**。在這之後不久，韋克多就封鎖了我。

和韋克多失去聯絡之後，我愈來愈渴望得到「了結」，而且我想像著這件事該如何發生，在腦海中勾勒出一個非常具體的畫面。我想要韋克多承認自己說了謊，並且向我道歉。我想要接受他的道歉。我告訴自己，這對他來說將是個成長的機會，但我知道這也涉及我的「自我」。（我們的「自我」永遠都牽涉其中。）我想要跟他保持聯絡，在需要時幫助他，如果我能夠做到這一點而不至於讓我的朋友大衛覺得更進一步受到背叛。

兩年過去了。在這段時間裡，我完全不知道韋克多在做些什麼，過著什麼樣的生活，也不知道他過得好不好。

有一天，我在工作時接到大衛的電話。我聽得出來他說話時在哭。他告訴我韋克多去世了，死於癌症，而我們都不知道他罹患了癌症。我回想起他似乎經常生病，想起他不時需要協助以支付醫院帳單。我想起最後一次見面的情景，想起當我擁抱他說再見時感覺到他是多麼消瘦。之前沒有得到解答的疑問頓時都有了答案。我明白了在我們認識他的那整段時間裡他可能都生著病，卻從不曾告訴我們。這個年輕人活在什麼樣的恐怖中，包括可能感受到自己死亡的陰影？他為什麼不告訴我們？為什麼？為什麼？為什麼？假如他告訴了我們，事情有可能大不相同，我們能夠以他與他的家人最需要的方式提供協助。我要求得到回答。雖然我的理智告訴我，要得到回答是不可能的，但我仍然要求得到回答！

有好幾天，我發現自己坐在辦公室裡，在提供諮詢的空檔哭泣。我對每個人說我的眼睛紅腫是由於過敏。當我坐著流淚，我又一次想到「了結」。我想像自己和大衛搭機前往他的國家，帶食物去探望韋克多及其家人，確保他得到妥善的照顧。我想像自己坐在韋克多的床邊，告訴他我們感謝他、原諒他、愛他，請求他原諒我沒有更努力和他保持聯絡。最重要的是，我想要擁抱他。

我想要得到「了結」，想要有第二次機會去得到「了結」。真正棒透了的「了結」，能讓我們全都感覺像在一部溫馨感人的電影結尾。

然而又一次，我沒能得到「了結」。

我感到難過，為了我自己、我朋友大衛和韋克多這個年輕人。我為了自己人生中需要得到「了結」卻沒能得到的所有時刻感到難過。我替我的諮商當事人感到難過，他們得不到翻開人生新頁所需要的「了結」，而掙扎著活下去。我想起那許許多多次的諮商，當事人坐在我的沙發上談起自己沒能得到的「了結」。分手，離婚，裁員，調職，被診斷出罹患重症，死亡。當事人掩面哭泣，當他們述說他們想要知道理由！需要知道！有權利知道！然而……卻無法得知。

想要得到「了結」乃是人之常情。尋求「了結」可以獲致解答與成長，也可能導致挫折和更多痛苦。但即使是得不到「了結」的痛苦，最終也能促進個人的成長。在我自己以及許多諮商當事人的生活中，尋求「了結」是個痛苦但有意義的過程。對你來說也是嗎？我邀請你與我一起踏上追求「了結」的旅程。

CHAPTER 2

「了結」不是什麼

如果想要更加了解「了結」是什麼，一個辦法是去檢視它不是什麼。如果「了結」是一種終結、明確與平靜的狀態，那麼，可以把「了結」的反面定義為心煩意亂或是不健康而且過度的反芻思維。但我要再說一次，事情比這更為複雜，因為當我們尋求「了結」，我們通常都在心中預設了一個結果。而不管實際上的結果最終是正面還是負面，通常都和我們的預期相去甚遠。

因此在這一章，讓我們把重點放在三件常被誤認為是「了結」、但其實並非「了結」的事情上：「了結」不是報復；「了結」不是控制；「了結」也不是接受，雖然這兩者有所關聯。

「了結」不是報復

最近一次你起了報復的念頭是在什麼時候？上個月？上個星期？大約一小時之前？如果你對其中任何一個問題的回答是肯定的，讓我向你保證你很正常。事實上，假如你說你從不曾感覺到報復的衝動，我會感到驚訝。當我們覺得受到冤枉或是被人蓄意傷害，我們會想要「報復」應該負責的人（或是我們認為應該要負責的人），讓他們也感受到痛苦。

這是人類的天性，但這不是「了結」。

如果你正在考慮要得到「了結」，你該問自己一個問題：我是想跟對方做個健康的「了結」呢？還是只是想讓對方跟我一樣痛苦？在某種程度上，「報復」經常是尋求「了結」的一股動力。那也許不是會使對方情緒潰堤的全力正面報復。但是一丁點的報復慾，例如讓某人感到難過或內疚——可能會滲進你尋求「了結」的計畫中。

以詹姆斯和安娜為例。他們擁有一段他們認為很棒的關係。兩人都是三十出頭，職業生涯穩定，具有魅力，擁有很多朋友。稱呼他們為天作之合似乎並不為過。直到事情改觀。

他們一起生活了幾年之後，安娜任職的新創公司終於達到有競爭力的規模，獲得了成功。安娜在該公司擔任領導職，她的工作量急遽增加，工作時數也急遽增加。這是安娜在她的工作領域大放異彩的機會，而她把握了這個機會。每天一大早她就離開他們的公寓，直到深夜才回來。而每週大約有一次她會忙到回不了家，只能在辦公室的沙發上睡幾個小時，隔天就繼續工作直到晚上。

安娜的漫長工時包括與公司執行長喬納森進行長時間的會議。詹姆斯在公司活動中見過他幾次。雖然喬納森看起來和藹可親，當安娜離家工作的時間愈來愈長，詹姆斯決定自己不信任他。在一場派對上，他注意到喬納森和安娜在一起，而他不喜歡喬納森在交談時把手擱在安娜肩膀上的方式。

一天晚上，詹姆斯獨自坐在家中看電視，反覆思索著安娜的漫長工時，感覺自己被撇下了，他決定要等到安娜回來再睡。等她在午夜時分到家，詹姆斯已經做好準備。他對她說他不信任喬納森，也不喜歡她延長了工作時間。他對她下了最後通牒：辭職，或是結束他們之間的關係。

對於詹姆斯指責她不忠，安娜感到震驚。對於他試圖掌控她的生活、剝奪她在職業生涯上的一次大好機會，她既心痛又生氣。她對他說，如果他這麼不信任她，那麼她不知道他們要如何繼續當一對情侶。詹姆斯生氣地表示同意，說如果她不能理解他的看法，那麼她就該離開。那一夜，安娜打包了一袋行李，搬進一間旅館。幾天之後，她趁著詹姆斯上班時，回公寓取走了她其餘的個人物品。

在詹姆斯終於向自己承認他們分手的事實之後，他感到心煩意亂。他錯估了安娜的反應。他原本以為她會為了自己丟下他而向他道歉，以為她會願意坐下來設法把事情解決。而且他預期她會把他們的關係看得比她的工作更重要，甚至隔天就會辭職。可是事情的發展並非如此。

在她搬出去之後，他和安娜只短暫交談過，主要是處理一些需要解決的瑣事，像是欠款以及轉寄信件的地址。他傳過幾次簡訊給她，只收到簡短的回覆：**我很好，希望你也很好**。他覺得自己應該得到某種「了結」，畢竟他們曾共度了這麼長的時間，建立起一個家，有過許多計畫。於是他問她能否見一面，說他認為有必要談一談所發生的事。他想讓她知道他現在的感受，當他的情緒已經沒那麼激動，他說能夠有個「了結」對雙方來說都會是件好事。

詹姆斯對這番談話做了很多思考。事實上，他開始排練他要說的話。他將說出心底的話，他對自己這樣說。他和安娜從來不曾把話說清楚。他的親友向他建議：把話攤開來說，達成諒解，擁抱對方，並且祝福對方順利成功。

可是在詹姆斯心中，「把話攤開來說」在於給安娜一個教訓。他決定要告訴安娜她多麼忽略了他們的關係，說他絕對不相信她和喬納森沒有曖昧關係。他也會讓她知道他們的性生活從來都稱不上美滿，而他在這段關係中從來都不像他所需要感覺到的那麼快樂。他不是有權讓她知道這些嗎？他問自己。當然有權。而且安娜不是應該感受到一些他所受到的傷害嗎？當然應該。這樣做可能讓他終於得到他所需要的「了結」。

報復是甜蜜的……直到它不再甜蜜。我在這一行很久了，而我可以肯定地說，我從未聽見哪個報復了別人的人說自己在事後感到心滿意足。在當下那個時刻，報復的效果可能很好：對方受到了傷害和侮辱，情緒崩潰。可是在事後，你會感到平靜澄澈嗎？你更可能感到羞愧、尷尬和空虛。報復是種短暫的勝利，最後往往讓人覺得是挫敗。當報復偽裝成「了結」，只會導致你需要更多「了結」，來彌補你對自己和對方造成的損害，並滿足你請求對方原諒的需要。

這就是發生在詹姆斯身上的事。當他說出他準備好的那番話，他得到的滿足只是暫時的，就只持續到安娜哭起來的那一刻。看見自己深深傷害了曾經對他如此重要的人使得詹姆斯渴望得到更多「了結」。現在他想要道歉，想讓安娜知道那並非他對她的真實感受。完全不是。他想對她說他只是在生氣，由於她令他失望而想報復她。

可是在那之後，安娜斷絕了與他的一切聯繫。詹姆斯渴望得到「了結」，就跟之前導致那番談話的「了結」需要一樣強烈，而他將會有很長一段時間必須懷著這份無法滿足的需要。

如果你不確定自己是在尋求「了結」還是想要報復，請後退一步，釐清你的情緒，弄清楚你想要得到「了結」的理由以及可能的後果。人類的動機很少是百分之百純粹的，可是你是在試圖解決遺憾，建立起互諒呢？還是希望讓對方痛苦？前者是「了結」，後者不是。由報復所推動的「了結」是一條不會成功的路。

「了結」不是控制

我說不清有多少次聽見有人問我，他們要如何才能讓某人去做某件事。「我要怎麼讓他稱讚我是個聰明能幹的人？」「我要如何讓她承認我替她做的一切？」「我要如何讓此人理解我有多麼在乎他？」「我要如何讓此人向我解釋他何以有那種行為？」接著他們就開始講述自己如何試圖改變某人的想法、感受或行為。

儘管我們可能想要否認，但事實很簡單：我們無法控制別人的想法、感受或行為。我們就是沒辦法。接受這個事實能使我們免去許多心痛，尤其是在得到「了結」這件事上。

大多數時候，當我和諮商當事人談到「了結」，他們對於自己希望這個「了結」會是什麼樣子有非常明確的想像。有些想像比另一些想像來得實際。這些想像可能建立在當事人認為對方有能力做到的事情上，根據他們認為怎麼樣對自己和對方最好，或是他們覺得自己應該得到什麼。（尤其是他們覺得自己應該得到什麼。）重點在於他們腦中對於自己想得到的「了結」有特定的想像。

我常請這些當事人想像他們可能遭遇的各種結果。我問他們：「以你對對方的認識，他可能會如何回應你想要尋求了結的請求？」這個提問經常會引起當事人的抗拒。畢竟我們自認為有權利得到「了結」，認為對方應該如何回應才恰當，而我們很難擺脫這些想法。這當然很難。如我們所知，人類討厭任何懸而未決的事。我們的大腦會設法向我們呈現各式各樣的情境，讓我們弄明白自己不理解的事。就「了結」而言，我們很自然地會想抓住最有助於證明我們沒錯、覺得自己被想念，或者就只是整體而言覺得負擔減輕了的那一種情境。但在潛意識中，我們認為事情應該要按照我們所希望的方式發生。

有時候事情會如我們所願，但不能如願的時候更多。我們所得到的「了結」可能跟我們想像中完全不一樣，不論是好是壞。我們也可能根本得不到「了結」。

如果你曾經歷過熟人、朋友或家人的死亡，我猜想你多少會感覺缺少了「了結」。那可能是一種感傷，關於你想告訴對方的幾句話，某件你想讓對方知道的事。或是你可能沉浸在悲傷中，乞求老天爺讓你和對方還有最後一刻相處的機會，讓你表達出你但願自己表達過的心聲，在你認為還有時間的時候。

想像你是個年輕人，在一次車禍中失去了一位摯友。當你承受著失去摯友的強烈傷痛，你可能會和這位朋友的家人聯絡，請求去拜訪他們，以表達你的哀悼並且分享你和死者的友情回憶。在這種情況下，這肯定是個恰當的舉動。你可以拿你們這群朋友的照片給他們看，而他們也許會告訴你一些小故事，關於你這位亡友的童年。你們將會一起笑，一起哭。這一天回家時你會深切意識到自己的傷痛，但也會有一種得到「了結」的感覺，由於你和亡友的父母共度了這段時光，知道你們頌讚過你亡友的人生並且在共同的傷痛中互相支持。

如果事情以這種方式發生，那當然很好。可是這些都不在你掌控之中。哀傷是種複雜的情緒。如果你曾經遭遇過親愛之人的死亡，你就會知道哀傷者的行為不總是在預料之中，甚至未必是理性的。因為這樣，我們必須給予自己空間來處理自身的感受，也必須給予其他人空間。在上述情景中，很可能你在跟亡友的父母聯絡之後並沒有得到溫暖或熱情的回應。相反地，你收到一則向你致謝的簡短訊息，請你尊重亡者家屬不想被打擾的想法，並且建議你可以捐點錢給某個慈善機構來紀念你的朋友。

在故事的這個版本中，你沒有得到你想要的「了結」——但是這不表示你完全沒得到。你可以藉由其他方式來設法得到「了結」，例如與你的朋友群一起緬懷故人，參加你朋友的葬禮；如果你是個有信仰的人，也能從事禱告或冥想。可是，如果你唯一能夠接受的情境就是一切都進行得如你所願，那你可能要等待很長一段時間才能得到「了結」。

所以，你如何能夠讓某個人給你「了結」？其實你沒辦法。人類是難以預測和控制的。在一個方程式中你只占了一半（或是少於一半，如果事情涉及好幾個人）。這使生活變得有趣，卻也往往令人感到挫折。這不表示你對「了結」的需求不合理，也不表示尋求「了結」並不值得。而你若是得到了「了結」，那不會是因為你找到了掌控情況的方法，或是讓某個人按照你的意思去做。這是有關「了結」的壞消息和好消息。

「了結」不（完全）等於接受

由於你對任何一個情況的掌控都是有限的，事情的真相是你可能永遠得不到「了結」。你可能永遠得不到你想要的答案，或是永遠得不到說出心聲的機會。曖昧不明的情況與疑問仍會繼續存在。然而最終你還是可能認清現實，接受事情的現況，並且繼續向前走。

比如說，你忽然丟了工作。你沒有料到這件事會發生。你的公司進行了組織重整，而你發現自己在你的部門裡失去了職務。為了讓這件事更痛苦一點，讓我們想像公司給了你幾個紙箱收拾個人物品，連同人資部門給你的一個厚信封，而在接到消息一小時之後，你就被帶出辦公大樓。在我的諮商當事人中，曾經遇過這種情況的人向我描述他們最初的反應是震驚，接著是強烈的悲傷與憤怒。你很可能覺得你的主管應該事先向你示警，也可能會想知道何以你的職務忽然被視為可有可無，想知道你是否做了什麼而使你落到這個地步。

假如你來到我的諮商室，告訴我你想得到「了結」，我會請你跟我談談你的期望。下面是我的當事人經常描述的理想情境：你和你的前主管碰面喝杯咖啡。你們和氣地談論了你所做出的所有貢獻。主管要你記得你是個很有才能的人，一定能再找到工作。也許他甚至會表示願意把你介紹給他職場人脈中的其他人，或許能幫助你找到下一個職位。這番談話結束時，你的前主管含著眼淚對公司的決定表示遺憾，並且請你原諒他沒有能夠如願替你爭取權益。

可是在現實生活中，事情可能不會是這樣。相反地，當你聯絡你的主管，他可能只是按照人資部門準備好的腳本照本宣科，聲明你失去工作乃是公司所做的商業決定，並非針對你個人，同時提醒如果你對資遣費有什麼疑問，你可以撥打哪個電話號碼。也有可能你寄了封電郵給你主管，卻根本沒有得到回覆——在更糟的情況下，你甚至會收到只有一行字的回信，請你不要再跟他聯絡。

如同前文中所說，你無法掌控其他人，而你無法強迫你主管或前公司裡的任何人聆聽你的想法或是回答你的疑問，關於你何以失去你的工作。雖然失去工作可能讓你一心只想得到「了結」，在上述那個理想情境中所描述的「了結」大概是不可能的。

這是否表示你將終身忿忿不平地反覆思索這件事？也許。可是也許你會找到一份你喜歡的新工作，和新同事培養出良好的關係，並且繼續發展你的職業生涯。關於你何以被資遣或是何以受到主管那樣的對待，也許你永遠得不到令人滿意的回答，可是最終你還是可以接受這是生活的一個難解之謎，並且把你的時間和精力用來過你想要的生活。

這不算是「了結」，而是「接受」。當「了結」不太可能發生的時候，「接受」就是最健康的努力目標。

本章結語：替「了結」下個實用的定義

現在我們來替「了結」下個實用的定義。這是一種明確與平靜的感覺，讓我們覺得懸而未決之事得到了解決。我們對於「了結」有與生俱來的渴望，但是我們的動機以及試圖得到「了結」的方式可能是健康的，也可能是不健康的，因為生而為人，我們全都有自己的缺陷和瑕疵。在最好的情況下，「了結」包括當事人誠實地溝通，並且達到互相理解與寬恕的境界。在最糟的情況下，我們完全得不到「了結」——但是我們能找到其他方式來獲得平靜，並且翻開新頁向前行。

現在讓我們開始理解「了結」並尋求「了結」。

PART

2

我們為什麼想得到「了結」

CHAPTER

3 我們感到痛苦

既然我們已經理解了「了結」是什麼、不是什麼，讓我們來探討一下我們想要得到「了結」的典型原因。本書第二部分的這幾章將會深究我們想要得到「了結」的種種複雜原因，這些原因乃屬人之常情——想來你之所以拿起這本書的原因也在其中。我們將從最簡單的原因談起：我們之所以想得到「了結」就只是因為我們感到痛苦。

什麼能夠消除強烈的痛苦情緒？撰寫這一章時，我一直在思索這個問題。當我和痛苦欲絕的當事人見面，我也一再問這個問題，我認真看待自己的角色，想支持他們，協助指引他們度過難關，抵達苦海的彼岸，不管那個彼岸對他們來說是什麼樣子。而他們最常問我的一個問題就是：「我要如何才能得到了結？」

情緒上的痛苦能夠對我們造成深刻的影響，感覺幾乎就像身體上的痛苦。「由於心碎而死」的概念也許就由此而來。如果你跟我一樣相信身心靈之間的關聯，那你就可以說情緒上的痛苦和身體上的痛苦的確是相連的。我曾經和一些醫生談到疼痛管理，他們經常對我說，病患很難找到一種方式來描述身體上的疼痛，能使醫生找出對病患最有幫助的治療辦法，因此疼痛管理只能透過反覆試驗來摸索。事實上，我覺得心理健康專業人員比較容易理解當事人所經驗到的痛苦有多深。我聽過的說法包括：「糟到我連一天都撐不下去。」「我覺得自己會在這副重擔下崩潰。」「我痛苦到想要爬進一個洞裡，等到痛苦終於停止。」當我從諮商當事人口中聽到這些說法，我心中就會響起警報。我知道這個當事人正深深受苦。

深刻的痛苦可能會干擾你的人際關係，使你孤立、發怒，或是格外渴望別人的關懷。在最極端的情況下，你會覺得它掌控了你的全部生活。你失去了感到樂觀、愉悅的能力，覺得自己無能為力。你的生活就只剩下情緒上的痛苦。

你曾經感受到如此深刻的痛苦嗎？我猜想答案是肯定的，我肯定感受過。

而且我猜想在那當中，你也覺得找到某種「了結」是唯一能讓你翻開新頁往前走的辦法。「了結」能夠消除這種痛苦嗎？總得有個東西能夠消除這種痛苦，對吧？

何時該尋求專業協助

如果情緒上的痛苦持續不斷，那麼你最需要的可能是向一位心理健康專業人員求助。不論你是否需要得到「了結」，情緒上無休止的痛苦可能是某種更深層問題的徵兆，像是憂鬱症或是別種形式的心理疾病。這種事不需要感覺羞愧。情緒上的痛苦以及任何與此相關的心理疾病都是可以治療的。第一步就是去見一位心理健康專業人員，談談你的痛苦如何影響了你的生活，然後共同商量出一份治療計畫。找一位心理健康專業人員諮商也能幫助你得到「了結」，但這個過程需要一步一步來，可能需要先有一份治療計畫。

「失去」的痛苦

想到情緒上的深刻痛苦，我們往往會想到失去。也許是失去摯愛的親友，失去工作，由於被診斷出疾病而失去健康，失去一段關係，或是由於天災或金融風暴而失去安穩的家。

我的諮商當事人米格爾失去了他認為自己這輩子最好的朋友德米安。就像許多二十多歲的年輕人一樣，他們是同住一間公寓的室友，會邀請朋友來玩，替彼此介紹約會對象。一個週末，德米安開車去他父母家度週末，途中被一個酒醉的駕駛撞上，當場死亡。如果說德米安之死令米格爾情緒崩潰，這還遠遠不足以形容他的感受。他哀傷得無法自拔。

在我們的交談中，米格爾說起德米安對他來說是個多麼好的朋友。他意識到自己是多麼依賴德米安。他們在一起很開心，但也互相提供情感支持與穩定感，就像成為家人的朋友一樣。米格爾一再問我兩個問題：「為什麼這種事會發生在德米安身上？」以及「為什麼這種事會發生在我身上？」當然，米格爾知道這些問題是沒有答案的。我們談到人生的無常，談到他的精神信仰。他分享他的回憶，回憶他和德米安共度的美好時光。他仍舊感到痛苦。

在我們的談話中，米格爾談到他多麼希望這份痛苦能夠消失。他懷疑自己是否能有得到「了結」的一天，也懷疑這是否可能。他談到什麼樣的「了結」可能實際上有助於他消除自己的痛苦。他知道即使他能夠去報復那個酒醉的駕駛，最終那也只會是空洞的勝利，無法讓德米安回到他身邊。而什麼會有幫助呢？針對這樁車禍何以會發生得到一個解釋？他並不認為有任何事情能夠解釋像這樣的悲劇。接受德米安的死亡能夠帶來「了結」嗎？米格爾的哀悼過程還不夠長，不足以讓他考慮接受摯友的死亡。以能夠榮耀亡友遺志的方式來過自己的生活？也許吧，但還不是現在。「了結」仍然難以得到。

我和遭遇別種失去而在情緒上深感痛苦的諮商當事人，有過類似的談話。失去工作或一段戀愛關係是最常見的例子，而我有許多諮商當事人患有慢性疾病、健康狀況極差，這也可能導致情緒上的痛苦，由於知道自己的生活被疾病打斷並且大幅改變。對未來的計畫忽然被打亂，學著去過受到限制的生活，對未來沒有安全感。擔心診斷結果會對你的親人造成什麼影響，也許擔心親人是否會接受你的診斷結果對他們的生活造成的影響，是否會決定切斷與你的關係並且繼續過他們的生活。

我也曾經輔導過由於親人自殺，而失去親人的當事人。情緒上的痛苦簡直使他們失去了行動能力。而且他們拚命想要得到「了結」，被困在反覆思索與揣測的陷阱中，質疑自己對死者是否夠親切、夠關心、夠支持，分析死者曾經說過的話，如今他們擔心那些話可能是在呼救。他們想要得到「了結」，不僅是想試圖理解自己的親人何以做出自殺的決定，而是也想免除自己的強烈內疚。這種痛苦可能難以承受，而無法得到「了結」只使得情況更糟。

練習：傾聽你內心的聲音

找個安靜的地方，不會令你分心或受到打擾。以舒服的姿勢坐正，不要太僵硬，也不要彎腰駝背、無精打彩，好讓你能夠順暢地呼吸。做幾次深呼吸，讓自己平靜下來，從鼻子吸氣，從嘴巴吐氣。深深呼吸，不要太快，也不要太慢——按照你正常呼吸的方式，但是把氣吸足。

眼睛半睜，凝視著前面牆上的一個點（不要看出窗外，以免看見某件令你分心的事物）。想著你想跟他交談的某個人，此人能幫助你減輕你的痛苦。對方也許是你失去的人，也許是你目前生活中某個有智慧的人，還是你在過去或現在的生活中特別欣賞的某個人。想像你把心裡的話全告訴對方，關於你情緒上的痛苦。不要猶豫，把你所有的感受都告訴對方，再加上你的想法與觀察，關於你此刻的感受以及你何以有這些感受。

當你述說你的故事，對方的臉上有什麼表情？對方會說什麼話來給你打氣？會給你什麼建議來幫助你得到「了結」？問問你自己：此人如何能幫助我療癒？也問問你自己：我如何能幫助自己療癒？花一點時間寫下你給自己的訊息。你從傾聽自己的心聲當中學到了什麼？

童年創傷與「了結」

若要談到「了結」做為療癒傷痛的一種方式，就不能不討論被帶進成年時期的童年創傷。

我們傾向於把童年理想化。奇妙的想像力與發現，慈愛的父母，和朋友一起慶祝快樂的生日派對，舞蹈課和運動。那有股魔力，對吧？這是否描述了你的童年？對於在我諮商室裡坐在面紙盒另一邊的許多成年人來說，這肯定不是對他們童年的描述。我想我可以這麼說：對所有人來講，成長都不是件容易的事。對我來說不容易，對你來說可能也不容易。

在成長的過程中，我們可能累積了很多損傷。在心理健康專業領域，我們經常談到源自一次性創傷事件的深層心理創傷，像是父親或母親去世、一場天災、遭受身體暴力或性侵。而我在與諮商當事人的交談中也聽過不少。像這樣的創傷事件可能對尚在發展中的大腦造成難以估計的損害。然而，我也想強調，每日一點一滴的言語暴力或身體虐待、輕蔑、微歧視、種族偏見、恐同心態、霸凌或其他形式的痛苦，對於尚在發展中的大腦也可能造成損害。

每天遭遇不友善的對待或直截了當的虐待，長期下來會逐漸破壞一個人的心理健康，造成深刻的情緒傷害。每天遭受到的虐待行為會產生累積效應，造成影響深遠的後果。

當童年創傷（不管是哪種形式）對我們造成許多情緒傷害，我們也得要問：我們能做些什麼來消除痛苦？這時候就得談到「了結」了。

人類的大腦會根據我們所受到的傷害，替我們編出一個故事。而這個故事對我們說：藉由在當前重現那個故事，但是讓故事有個比較美好的結局，我們就能夠讓痛苦消失，甚至能夠理解我們所受到的傷害。如果我們無法彌補發生在過去的事，也許我們能夠彌補發生在現在的事。於是在成年之後，我們找出令我們在童年時期深受傷害的情境，讓類似的情境重演，目標是在這一次把事情「矯正」回來，而且我們通常並未意識到自己在這麼做。

假如事情如願發生，我們會感覺自己得到了「了結」，不論是有意識地或是在潛意識中。那個情境終於以某種方式得到了「彌補」。然而，我們很可能得不到自己想要的新結局，結果我們繼續感受到自己試圖迴避或解決的同一些情緒。於是我們再試一次。我們又把那個戲劇性事件、那種虐待及其所帶來的悲慘活出一個新版本，希望這一次能夠得到令我們滿意的結局，使得過去所有不愉快的經驗都會淡去，成為遙遠的記憶，再也不會令我們痛苦。我們得到了「了結」。

你可能聽過這樣的說法：「精神錯亂」的定義就是一再重複做同樣的事，卻期望得到不同的結果。第一次聽到這種說法的時候你可能覺得有點好笑。可是假如你是個心理健康專業人員，你就會知道這是個十分令人難過的例子，是我們經常目睹當事人在他們生活中所做的事。我將告訴你幾個例子，是我的當事人在我的諮商室裡述說的故事。

- 在西奧的成長過程中，他的父親表現得疏遠、不流露感情、過度挑剔。成年之後，西奧喜歡的女性是——你猜對了，疏遠、不流露感情、過度挑剔。當他來找我，他感嘆他最近交往的女性從來都不欣賞他的原貌，也不和他做情感交流。他請我解釋這種事何以總是發生在他身上。
- 譚雅在成長過程中是個害羞而用功的女孩，從來不真正屬於一個社交群體，反而常受到取笑，甚至受到霸凌。她一直都想被那些人緣比較好的女孩接納。成年之後，她試圖和一群女性同事做朋友，這些同事被視為將會掌握公司權勢的後起之秀。譚雅告訴我，那些女同事並非真心樂意讓她加入午餐聚會或是酒館優惠時段的聚會，還說她們甚至曾對她說過一些尖刻的話。

● 從小，雪莉的母親就希望她成為佼佼者，每天都對她說她必須要更好。如果雪莉拿到的成績是B+，母親就認為她應該拿A。如果她拿到第二名，母親就認為她該拿到第一名。雪莉一直都覺得自己不夠好——也不認為其他人夠好，這使她的同事感到很挫折。她問我她該怎麼做才能在工作上得到她應得的賞識。由於挫折，她又一次考慮離開任職的公司。

● 唐恩在一個過度重視陽剛氣概的社區成長。他的父親、兄長與同學都指望他加入他們，參加打獵和體育活動，雖然他喜歡閱讀和藝術。他一再受到霸凌，被同學毆打，被父兄責罵。他常常批評自己軟弱，並且覺得他活該受到辱罵。唐恩最近又一次丟掉工作，由於他對手下員工大吼大叫並且威脅他們，製造出惡質的工作環境。他不明白自己強而有力的領導作風何以受到懲罰。

這幾個人都有一個他們試圖改寫的故事：**假如我終於做了這件事，說了那句話，聽見這句那句或某句話，那麼過去就會終於成為過去。那些難過的感受將會消失。那些批評的聲音、遭受的霸凌和拒絕、那些痛苦和內疚，都將終於沉默——不管持續殘留的影響是什麼。我將會得到「了結」。**

這些來自往昔的故事經常一次又一次在我們腦中排演。我們想像那個情況：當一個情感疏離、不流露感情的人稱讚我們有多棒，說他的生活不能沒有我們，說他多想跟我們在一起。想像那些不明白我們多麼有趣的人終於對我們說，他們多麼希望我們加入他們的社交圈；想像那些不明白我們有多能幹的人給予我們升遷的獎勵；或是想像那些說我們不對勁、不正常的人對我們表現出尊重和敬意。

我們當中有些人的童年比較快樂，而大多數人都至少有些快樂的童年回憶。可是即使是快樂的回憶，也可能讓我們陷入試圖改寫一個故事的迴圈。例如，你可能會試圖在愛情關係中重溫快樂的童年感受，試圖終於又跟你小時候一樣快樂。**我不能再得到那種快樂嗎？**你也許希望得到這種「了結」會再次肯定你的確有權利快樂，或是在另一個人身上經驗到這種快樂能幫助你保存自己過去生活中對某個人的記憶。或是多年來你為了自己過去不夠感恩而心懷內疚，而你決心這一次要充分珍惜自己的快樂，為此感恩，不要讓快樂溜走。

我把這種現象稱為「幻想了結」（the closure fantasy）——承受自童年以來累積的痛苦而得到的最終報償。有些心理健康專業人士可能會對我使用的術語有爭議，視他們採用的治療方法而定。然而在我看來，試圖打破「童年所受的虐待在成年後重複發生」這種循環，其核心都與「了結」有關。終於使一切變得更好，這不就是我們希望「了結」能做到的事嗎？

我們懷抱的這種「幻想了結」有一部分是出於本能和必要，但在某種程度上也被過度簡化，並非建立在現實上。我經常聽見諮商當事人向我詳述當他們終於得到「了結」會是什麼情況，當他們終於得到尊重、愛、包容，或是他們覺得到目前為止生活拒絕給他們的任何東西。這種幻想情境對你的情緒健康來說不僅不理性、不必要，由於隨之而來的將是挫敗、失望與喪失自信的惡性循環，也可能造成更多傷害。

練習：安撫你內心的小孩

大多數人都沒有童話般的幸福童年，許多人仍然感受到殘留的痛苦。在什麼情況下，你童年的痛苦最可能被喚起？什麼會觸動你或刺激你？

想一想上一次你感覺情緒失控的時候。那種感覺是否很熟悉？你記得自己第一次有這種感覺是什麼時候嗎？如果你花點時間把這件事想清楚，你很可能就能把目前失控的感覺和你兒時的感受連結起來，當你受到誤解、不被允許表達自己的感受、受到懲罰、被欺負，或是當你遭遇到也出現在你成年生活中的任何童年事件。

現在想一想，當這些感受被喚起時，該如何安撫你自己？你可以對自己說些什麼來使你感覺心安？你可以替自己做些什麼，讓你跟自己的中心連結？你可以向誰求助，來幫助你整理自己的心情？準備好一個安撫自我的工具箱，在你需要時可以派上用場。在你去找某人尋求「了結」之前先展開這個過程；也許「了結」就存在於這個過程中。

故事的力量

你的故事是什麼呢？我們都有自己的故事。故事是生而為人的一部分。故事能夠賦予我們力量，讓我們選擇去過不同的生活，不要重蹈覆轍，不要因為拋不開痛苦而被擊垮。故事可以激勵我們重複自己所見到的善舉以及鼓舞人心的時刻，促使我們去活出豐富、快樂、成功的人生。但故事也可能使我們陷入惡性循環，一再重複相同的自毀行為。

因此，我個人不會把「精神錯亂」定義為一再重複做同樣的事，卻期望得到不同的結果。我把這稱之為「背後有個故事」。而且我們的故事經常不斷侵入我們的生活，重複造成同樣的情緒傷害，讓我們感受到熟悉卻仍舊令人心力交瘁的痛苦，而在這個過程中把我們困在原地踏步的跑步機上，哪裡都去不了。

不，這不是精神錯亂，這是人性。

基本上我要說的是，試圖透過你現在的行動來療癒過去是很困難的，尤其是當你仰賴別人的行動來幫助你。（請參見第二章，當我談到我們無法掌控別人，試圖掌控別人從來都無法真正獲致「了結」。）身為心理健康專業人員，我認為要撫平過去的傷痛，就必須要處理過去所發生的事。要勇敢地允許自己去正視發生在你身上的事，確定你經驗到的感受，探究造成你痛苦的那些人的角色，以及你自己當時扮演的角色，不管是有意或無意。這是件困難的工作。但是若想得到真正的「了結」或「接受」，這件工作乃是必要的。它由你開始，也由你結束，而非藉由重新創造出昔日的一種經驗來試圖療癒從前的痛苦。

我無意暗示以嘗試得到「了結」來療癒童年的情緒創傷是件傻事。我見過諮商當事人找到自己想要的人際關係，終於證明他們能夠以不同的方式來生活，受到不一樣的對待，建立起他們所夢想的未來。這的確可能發生。過去的夢魘是否仍在背景中徘徊？有可能。但是那些當事人能夠活在現在，並且繼續成長茁壯。

然而，我也經常目睹當事人一次又一次跳著同一支舞，得到同樣不愉快的結果。除非他們能夠解決自己內心的問題，否則不斷把權力交給另一個人，請求對方來修補他們的內心，只會使他們回到原點。如果你發現自己處於這種情況，是否該考慮放棄這場搏鬥，重新專注於理解你內心那個在對你說你是多麼沒有價值、多麼無能、多麼不值得被愛的聲音？換句話說，下一次同樣的音樂又再響起，是否該唱起一首不一樣的歌？

在與當事人進行諮商時，我經常尋找這類故事。有時候故事會浮現，讓我們能夠一起加以檢視；有時候則不然。無論如何，我認為這是一番重要的討論，能幫助當事人認清是什麼在阻礙他們。沒有人會被困在過去，注定要一再重複過去，除非他們允許自己被困住。

自我評估：在你尋求「了結」之前

當你考慮「尋求了結以療癒持續的情緒痛苦」的潛在好處與壞處，你該問自己下面這幾個問題。

- 我為什麼會有這種感覺？我認為自己痛苦的根源是什麼？
- 我尋求「了結」的方式將會直接解決我痛苦的根源嗎？
- 過去的某種感覺或記憶是否被喚起？這是否是我需要以另一種方式來解決的事？
- 我感受的強烈程度與這個情況是否相稱？
- 如果要消除我的痛苦，「了結」確切來說應該要是什麼樣子？
- 我試圖得到「了結」的做法有可能讓我得到我想要的「了結」嗎？
- 對方實際上有能力給我「了結」嗎？
- 我所尋求的「了結」可能會讓我覺得是個空洞的勝利嗎？
- 這個「了結」足以消除我所有的痛苦嗎？還是部分痛苦？

- 如果得不到我想要的「了結」，我是否準備好應付這個情況？花點時間來考慮這些問題，這能幫助你更加明白你能夠期待什麼，不能期待什麼，並且保護你自己免於受到更多痛苦。

本章結語：受苦乃是人之常情

還記得《綠野仙蹤》裡的錫人嗎？在電影結尾，當桃樂絲送給錫樵夫一支錶，錫樵夫說他現在知道自己有一顆心了，因為他感到心碎。有多少其他電影、歌曲和書籍都是在描寫心碎的痛苦？此處更重要的訊息是：心碎乃是人之常情。

依我的經驗，情緒痛苦的一個主要原因是我們無法接受所發生的事，或是拒絕接受。或者說得更直接一點，是拒絕接受現實。當你不能或不願接受一種現實情況，你就在自己大腦中布下了戰局。你大腦中純屬情感的那一面和理性的那一面交戰。結果是什麼呢？更多的痛苦。在第四章，我們將更著重於「接受」的功能。「了結」可能會提供你所需要聽到的話，來幫助你接受事情的真相，並且向前邁進。但也可能不會。

我們期待「了結」來療癒我們的情緒痛苦。我們希望有言語、行動或神助來終結我們的痛苦，給予我們所希望或祈求的起點，讓我們繼續向前邁進。希望自己的痛苦能夠結束乃是人之常情。想要得到「了結」也是。有時候所發生的「了結」的確很神奇。另一些時候，那就只是一個希望、一個夢想、一個幻想。

CHAPTER

4 我們感到憤怒

憤怒的感受與痛苦的感受密切相關，而且一如痛苦，憤怒也是尋求「了結」的常見動機。當我們覺得自己被別人傷害，不管是在情感上還是在其他方面，感到憤怒與受傷乃是人之常情。我們偶爾都會生氣，也可能經常生氣。憤怒可能會激發尋求「了結」的渴望，其方式可能健康，也可能不健康。你可能想要單純藉由冷靜地說出你的憤怒來消氣；你也可能想要確保對方知道你有多生氣，想要斥責他們，要他們給你應得的道歉。

在談到憤怒以及它與「了結」的關係之前，我想先退一步，更仔細地檢視一下憤怒在現代生活中扮演的角色。如果我說我們生活在一種憤怒的文化中，你也許會同意我這句話。這種文化隨處可見。在新聞中，在職場上，在人行道上，在商店和餐廳裡，在車流中，在家庭聚會中。你也許有過與我相同的經驗，你和一個和善有禮的人進行十分文明的交談，接著，當談話觸及政治議題或社會議題，就看見對方的臉孔因憤怒而扭曲，然後吐出幾句出乎我們意料的咒罵。在我這一行，我肯定見過很多憤怒。有些諮商當事人簡直就是怒氣衝天，或是承受著別人對他們的怒火，而他們期望我能夠幫助他們改變或應付，或是幫助他們同時做到這兩者。

話雖如此，我要承認憤怒可以是促成正向改變的一股力量。例如，憤怒曾經幫助世界各地的人組織各方力量以進行必要的社會改革；憤怒促使受到壓迫的人民為自己的權利而戰；憤怒使得資源被交給需要的人，並且創造出新的資源；憤怒使得人們更加意識到經濟上或健康上的不平等，當終於有人氣憤到敲響了警鐘。

我也可以證實憤怒能夠激勵個人做出改變。有些當事人因為終於承認對自身處境感到憤怒，而願意承擔風險去找出一種新的生活方式。向自己承認他們目前的工作或職業生涯令他們痛苦；承認一段關係沒有給予他們支持，或是沒有令他們感到快樂，或根本就是一種凌虐或有害的關係；向自己承認目前的生活方式需要改變，例如不健康的飲食習慣或是濫用藥物。諮商當事人允許自己對他們生活的某個面向感到憤怒，把憤怒轉化為正向的能量，並且向前邁進。

所以，憤怒的確有其好處。可是在日常生活中，怒氣的增加是個警訊。我並不想要烏鴉嘴，可是據我觀察，世界上憤怒情緒的增加似乎沒有盡頭。在我們生活的世界上，憤怒已經成為一種預設的情緒，甚至是典型的預設情緒。

憤怒有時是一種掩飾真情的情緒

憤怒往往始於小小的不滿。當你長時間辛苦工作，結果你預期得到的晉升機會給了別人，這時候你感到不滿；當職場上一份重要的關係由於一位同事的疏忽而受到損害，這時候你感到不滿；當你的伴侶似乎不那麼在乎你的快樂與心安，不像你對他的快樂與心安投注了那麼多心力，這時候你感到不滿；當你發現有一場家族聚會或朋友聚會，而你沒有受到邀請，這時候你感到不滿。不滿會隨著時間而累積，或是突然爆發成為憤怒。

憤怒會使我們想要做點什麼，想要採取行動。想對我們的怒氣或不滿做點什麼，想要發洩出來，想讓這種感覺消失。憤怒無情地侵蝕我們，使我們的工作難有效率，憤怒損害我們的人際關係，把別人推開，並且有害我們的身心健康。因此，憤怒會促使我們尋求「了結」乃是完全合乎邏輯的。**我需要做點什麼來消除這股怒氣！**

在這裡我想必須要先退一步，先提供你有關憤怒的心理學資訊。憤怒是一種原始情緒，意思是它是根本的、即時的、發自肺腑的。有件令我們不高興的事情發生，而我們頓時就發怒了。

但憤怒也可能是種「掩飾真情的情緒」。讓我來解釋一下這句話的意思。你是否曾經感到難以抑制的悲傷，被悲傷壓垮……然後發現自己用發怒來避免去感受這份悲傷有多深？這是憤怒被用來掩飾真情的一種方式。我們用憤怒來保護自己免於面對特別難以承受的感受，例如悲傷、痛苦與恐懼。我們把怒氣當成盾牌，阻擋其他人過度接近我們感到悲傷、害怕、受傷的柔軟內心。

舉個例子，我經常在跟諮商當事人談到分手的經驗時聽到憤怒的感受。他們覺得受傷而且悲傷，但是還無法承認。我必須幫助他們整理自己的憤怒情緒，讓那些憤怒的感受得以宣洩，然後他們才能開始檢視自己有多受傷。

再舉另一個例子，我們可能很難正視自己對失業的恐懼。我們可能會害怕失去生計或是無法養家，很難正視這份恐懼與隨之而來的無助，把這些情緒都表現為對前雇主的憤怒要容易得多。

做為一種掩飾真情的情緒，憤怒的用處是如此之大，乃至於我在紐約的「亞伯・艾里斯學院」進修時，曾經去請教一位老師，問他憤怒事實上是否**總是**被用來掩飾別種情緒。我仍然記得他當時的回答。他說：「蓋瑞，你曾經拿走過一個嬰兒的奶瓶嗎？」我回答：「當然沒有。」他說：「嗯，假如你這樣做了，你就會聽見嬰兒大哭大叫。那個嬰兒很生氣。」憤怒的確是一種原始情緒，但它也是一種掩飾真情的情緒。

我要說的是，在尋求「了結」之前，你必須要檢視一下自己的憤怒。去理解你憤怒的根源。讓你明白自己的意圖，以便使你能夠讓你尋求「了結」的對象明白你的意圖。（關於意圖，在本書的第三部分會說得更多。）如果你尋求「了結」，卻沒有花時間來理解你憤怒的原因，不明白你需要「了結」的是否真的是憤怒，還是你不允許自己意識到的其他感受，那麼你最終可能會損害一段人際關係或是你本身的情緒健康，也可能同時損害了這兩者。我想我可以這麼說：當你感受到的其實是強烈的悲傷或恐懼，把你的憤怒發洩在某個人身上不會讓你的情緒變得更好。

憤怒如何促使我們去尋求「了結」

想一想上一次你為了某件事而生氣的時候。花點時間，真正去感受那股憤怒。這可能需要費點功夫，可是如果你跟大多數人一樣，你將很容易就能想起生活中令你感到挫折的事件，以及由此而生的怒氣。有許多諮商當事人對我說，要感覺憤怒太容易了，說這些回憶永遠都在表層，隨時準備好被目前生活中所發生的事件喚出。事實上，你在目前的生活中可能正處於一種使你十分憤怒的情況，而你希望得到某種「了結」，來療癒你的憤怒感受。

當你體驗到這種憤怒的感受，問問你自己：**「了結」如何能幫助我設法療癒我的憤怒？**當憤怒促使我們去尋求「了結」，以下是我們最想得到的幾種結果。

感覺自己被理解

覺得自己受到誤解乃是生活中最令人感到挫折的事情之一，更糟的情況則是根本不被聆聽。當我們覺得別人不理解我們的觀點，我們會忍不住想要設法讓對方「懂」我們。這可能會成為一種執念。它碾磨著你，侵蝕著你。

對方需要理解我為什麼生氣！那麼我就會感覺到「了結」！

於是你對「了結」的期望可能以一次對話為中心。你可能想跟惹你生氣的那個人坐下來，向對方說明你何以如此生氣。你可能希望對方接著會說明自己的感受，這可能會引發更多討論，更多一來一往，以達成理解。

如果一切進行順利，尋求「了結」以達成理解的確有助於增進一段關係。你能夠對你想尋求「了結」的對象有些了解，得知他們對憤怒的反應，得知他們有多在乎維持與你的關係。他們對你可能也會多些了解。

當然，相反的情況是對方可能不理解你的憤怒。事實上，他們可能會說你反應過度、沒弄清楚狀況、小題大作——這會使你憤怒依舊，甚至比一開始時更憤怒。這就是「透過被理解來療癒憤怒，以求得到了結」所帶有的風險。

得到道歉

我的諮商當事人經常談到道歉對於療癒憤怒感受的重要。他們常說「我只是想被理解」，而這句話後面往往接著「……並且聽到對方為了自己所做的事向我道歉」。當有人做了一件對我們造成傷害的事，不管是在情感上還是在其他方面，我們就想要得到對方的道歉。我們想要知道對方負起了責任，承認自己做了觸怒我們的事。

好消息是對方有時候會理解你的憤怒，聽你把話說完，然後向你道歉。也許對方一發現你有多麼生氣就開始道歉，意識到自己所做的事造成了意料之外的後果。對方也可能需要聽你明確說出是什麼惹你生氣，你為什麼有這種反應，以及對方的言語或行動對你造成什麼影響。在這兩種情況下，一聲道歉能夠使你們更親近，並且加深你們的關係。

反之，對方也許會拒絕承擔責任，說這整個情況都是你的錯。對方也可能會說他們根本看不出有什麼問題，說「你為什麼這麼生氣？」或是給你一個蒙娜麗莎式的微笑，說「很遺憾你有這種感覺」之類的話。在這些情況下，你最後可能會比一開始時更生氣。

報復對方

身為人類，我們的動機不總是純粹的。當有人觸動了我們的情緒，理性思考可能就被拋到九霄雲外。別人惹惱了我們，於是我們也想去惹惱他們。我們甚至有可能沒有意識到這種情況正在發生。

假定你得知一位朋友將舉辦生日派對，而你沒有受邀，這把你給氣壞了。你決定要讓朋友知道你有多生氣。你等到生日派對前夕才打電話給你朋友，說你知道有這麼一場派對，說這件事瞞不了你。你逑說受到這樣的對待讓你感到多麼受傷、多麼生氣。你知道這個朋友個性敏感，容易想不開，所以你可以確定隔天他會因為內疚而無法在派對上玩得開心。

擲出一顆情緒手榴彈可能讓你在當下覺得很痛快，可是如同在第二章裡討論過的，報復不等於「了結」。而且手榴彈會造成很多傷害。

練習：把所有的怒氣都發洩出來

諮商當事人經常會問：該如何把憋在心裡的怒氣發洩出來，而不至於損害他們的名聲或人際關係。釋放怒氣的活動能幫助你擺脫最初的情緒衝動，讓你更理性地看待困擾著你的問題。想一想目前正惹你生氣的某件事。現在，把那股怒氣轉化為一項活動。下面是幾個點子。

- 寫一封你沒打算寄出去的刻薄信件。
- 用力打一個枕頭。
- 把一個海灘球踢向牆壁，等球彈回來的時候再踢一腳。
- 快步行走，一邊在心裡向惹到你的人大發雷霆（如果周圍有人就不要說出來，如果周圍沒人就可以大聲說出來）。
- 找個不會引人注意、也不會嚇到別人的地方，大罵幾句難聽的話。
- 問問你自己：發洩一下怒氣的感覺如何？

衡量風險

當我們繼續本章的討論，我想要強調：得到「了結」以療癒憤怒的感受能夠增進一段關係。宣洩出憤怒與所受到的傷害能幫助你和對方更加了解彼此，更加留意彼此的情緒，更加意識到彼此的需求與脆弱。可是由於我們經常害怕憤怒可能會往壞的方向發展，我們可能會錯過以「了結」來療癒憤怒所得到的成長。因此，讓我再說一次：「了結」可以是療癒憤怒的強大工具。

身為心理治療師，我見過許多諮商當事人終於鼓起勇氣和一位朋友、伴侶、家人或同事坐下來談，藉由談論自己的憤怒感受來尋求「了結」——並且因此感覺被療癒。**療癒**是此處的關鍵詞。如果你曾經感受到憤怒對你的身心健康造成的影響，你就會明白我的意思。

不過，相反的情況也可能發生。以達里爾和芮貝卡為例，他們是親密的好友，幾乎形影不離，每天都會通電話，每週六都在同一家餐廳共進晚餐。他們無話不談：談工作、家人、各自所進行的約會。什麼都談。

達里爾一直都知道芮貝卡有時很難伺候。她講話很直接，有時到了尖刻的地步，可是他把這歸因於她的天性，告訴自己要接受她那些帶刺乃至侮辱人的話語，當作是她關心他的證明。芮貝卡有時候也會控制欲太強，告訴達里爾他應該做什麼，不該做什麼，並且在他沒有接受她的建議時批評他。有時候她會忽然對他大發脾氣，因為她認為他做錯了某件事，例如有一次她指責他沒有建議他們該看哪部電影，而讓她承擔維持友誼的責任。有時候她也很好勝，在他把自己的一項成就告訴她或是表達意見時硬要占上風。當芮貝卡開始跟某人約會，她會在新伴侶面前指出達里爾的缺點，有時甚至會取笑他。最後有一天，芮貝卡指責他不是個支持她的朋友，說她要暫時中止這段朋友關係。

起初達里爾很難過。他覺得自己一直是個忠誠的朋友，不明白她對他的指責。可是，當達里爾回想起這段朋友關係——想起芮貝卡對他的奚落，想起她因為對服務生無禮而令他感到尷尬，想起她試圖指揮他該怎麼做，威脅著要跟他絕交，如果他有哪裡令她失望——他開始對她感到反感，繼而感到生氣，很多的怒氣，當他明白她在他生活中是個多麼有害的人物。說實話，當達里爾想起他和芮貝卡共度的時光以及他所忍受的一切，他怒不可遏。

然而，達里爾猶豫著去和芮貝卡把話談開。他知道她比他擅長辯論，而他擔心面對面討論將會使她能言善道地否認自己的行為，並且針對他本身的心理問題教訓他。畢竟，他認識芮貝卡很多年了。現在她的舉止怎麼會有所不同？他們有可能開誠布公地討論他們這段朋友關係嗎？討論這段關係有哪些好的地方、是什麼造成他們不歡而散、他們各自可以有什麼不同的做法，分享快樂的回憶，祝福彼此一切順利……在達里爾看來，這個可能性不高。最後，他選擇不要跟她進行交談以尋求「了結」，而決定接受現狀，向前邁進，即使他沒有能夠發洩怒氣，即使他的疑問沒有得到回答。

當我們尋求和另一個人做出「了結」，我們對對方有所要求，不管是只要求對方聆聽，還是要求對方做出某種回應。在某種程度上，你是讓自己的療癒取決於對方選擇對你做出的回應。這可能使兩個人更接近，使彼此的關係更穩固，也可能使兩人之間有了嫌隙，甚至使一段關係結束。在進行得到「了結」的交談之前，必須要先了解這些風險。

略談一下針對機構而發的怒氣

一般而言，當我們尋求「了結」以療癒自己的憤怒，我們想要直接找出自己憤怒的根源，去找那個在我們看來觸怒了我們的人。可是你腦中所想的那個人是否果真是引發你怒氣的人？還是說對方乃是代表著惹你生氣的某個機構？你是在氣某一個服務人員呢，還是在氣你的銀行？是氣一家航空公司還是你就醫的診所？換句話說，你是否試圖藉由把怒氣發洩在別人身上來讓自己好過一點？如果你曾經把怒氣發洩在客服人員或接待人員身上，你可能就也會發現你所得到的「了結」頂多是暫時的，之後就可能會感到十分懊悔。在我的諮商當事人當中就包括那些受到攻擊的服務人員，因此我曾見過他們由於顧客的欺凌帶給他們的傷害與憤怒而也想得到「了結」。我想說的是：要確保你很清楚自己怒氣的根源，當對方其實並不能給你想要的「了結」，不要隨便找某個人洩憤。

自我評估：以「了結」來療癒憤怒

當你考慮你需要以「了結」來療癒憤怒的感受，你應該花點時間去了解你的憤怒，這一點很重要。這意味著仔細檢視你自己，並且提出一些讓你感到不自在的問題，以使你能夠理性地尋求「了結」。

以下是幾個你該對自己提出的問題。

- 我為什麼這麼生氣？
- 我是否也有責任，而我不想正視？
- 我所感覺到的真的是憤怒嗎？還是我不想承認的另一種感覺，例如悲傷、失望或恐懼？
- 我期望得到什麼樣的「了結」？是理解嗎？還是原諒？
- 我想尋求「了結」的動機有正面效益嗎？還是說我只是想要傷害對方？
- 我對自己尋求「了結」的對象能有什麼合理的期望？

- 我憤怒的強烈程度是否與這個情況相稱？還是說乃是牽涉到我被喚起的昔日感受或回憶，是我需要以另一種方式去處理的？
- 嘗試尋求「了結」有可能會使我感到更加憤怒，我是否準備好接受這種可能性？
- 我是想與造成我憤怒的人達成「了結」呢？還是說對方代表著某個機構，而該機構需要透過其他方式來得知我的憤怒？

本章結語：選擇更好的做法

我們經常被教導：當我們對某個人感到憤怒，健康的做法是和對方坐下來把事情談開。這是我們從父母和學校老師那裡學到的，也是我們在媒體上所看到的。回想起來，我可以說我初次得到「了結」的經驗，乃是小時候在學校裡解決一個憤怒的情況。

然而，在我們生活的這個世界上，憤怒不總是透過「了結」來解決——除非你把社群媒體上的惡毒貼文、報復或直接傷害對方也視為「了結」。我認為我可以說這世上的許多憤怒並沒有得到解決，反而持續存在。不，這不是「了結」。

我們有時候會生氣，這乃是人之常情，但我們可以選擇要如何處理自己的怒氣。我們可以選擇尋求「了結」以療癒憤怒，以有助於個人成長與增進人際關係的方式；也可以選擇脫離一段人際關係，帶著自尊、品格以及對對方的尊重。

CHAPTER 5

我們感覺無助

你最近一次感到無助是什麼時候？生活似乎每天都給我們感到無助的機會。一如痛苦和憤怒，無助感也會使我們渴望得到「了結」，甚至執著於得到「了結」。

在探討「了結」時，我相對較早地談到無助感，因為諮商當事人與我討論「了結」時經常會談到他們的無助感。兩者為什麼有此關聯？我們可以這樣想：你想要得到「了結」幾乎肯定是因為你無法掌控某個情況。事情的發展並不如你所願，而你無力改變這個情況。起初缺乏掌控力會使你渴望去解決，而你若是嘗試解決卻沒能成功，就只會提醒你自己仍然缺乏掌控力。

我想我幾乎每一週都會跟諮商當事人談到他們的無助感。我的許多當事人患有慢性疾病或是健康狀況極差，有些人的生命已經接近盡頭。被診斷出重症可能是你這輩子遇到最無助的情況之一，你不明白這件事為什麼發生在你身上。你可能需要大幅改變自己的生活方式，不是出於你的選擇，也不是你自願的。你可能不知道這對你的將來意味著什麼，這就好比有個不速之客住進你家並且掌控了你家。

諮商當事人也跟我談過其他情況下的無助感。感覺上沒完沒了而且無法解決的財務問題；一段受損而可能無法修補的人際關係；擔心子女或家人正做出錯誤的決定；感覺被困在一份糟糕的工作中。諸如此類。生活似乎給了我們各式各樣感到無助的理由。

害怕感覺無助乃是人之常情。我們想要握有掌控力，或是至少對我們所做的某些決定發揮作用。我們想要知道如果我們做了**這個**，就能得到**那個**。我們想要得到保證，保證我們走在正確的道路上，能夠得到我們努力的成果，只要做正確的事就能讓我們得到自己渴望的回報。我們不想面對不愉快的事，不想有不愉快的感覺。我們期待「了結」來回答我們無法回答的問題，希望這份資訊能使我們感覺自己掌握著方向盤。我們希望「了結」能免除我們的責任，針對過去我們但願能夠改變的任何行動。

讓我們先從有關無助的一個小例子說起。想像你開車上班，在尖峰時間行駛在高速公路上。忽然一輛車從你左側駛來，插進你前方，擋在你前面。你可能只會翻翻白眼，聳聳肩膀，也許會放慢車速，和那個挑釁的駕駛保持一些距離。可是，如果這件事喚起了你的童年回憶，使你覺得自己受到欺負，不被尊重，感覺無助，無法保護自己不被那些認為欺負你很有趣的人欺凌？於是你切入左側車道，加速趕上另外那輛車裡的惡霸，對他豎起中指，然後插進他前方。

哇！曾經是被害者的你，終於採取了積極的做法，不允許別人欺負你！一瞬間，所有那些未曾解決的無助都得到了解決。你終於得到了「了結」。對吧？而且感覺肯定很棒！就此刻而言……

而比較重大的「無助」例子呢？讓我告訴你艾美莉亞的故事，她是一個大型電視新聞網的節目製作人，這份工作涉及管理許多繁瑣的細節。許多細節經過事先計畫和處理，另一些則必須在事件發生的當下處理。她熱愛她的工作，但是工作壓力有時會壓得她喘不過氣來。她常覺得自己像個大馬戲團的指揮，被獅子包圍，牠們不斷在尋找機會撲向她。她認為自己隨時都可能因為犯下一個錯誤而損害她的工作口碑，甚至會失去她的工作。

上個星期，她所擔心的這種時刻發生了。在忙碌的一天裡，一個細節被遺漏了，結果她錯過了讓一位記者在現場訪問一位政壇大人物的機會。對於她負責製作的節目來說，這是個重大損失。所有的目光都集中在她身上，因為這是她的失誤。

這件事發生之後，艾美莉亞的感覺糟透了，她一整個星期都沒有睡好。她覺得無所遁形、羞愧、難過，生自己的氣。她擔心這次失誤將永遠不會被忘記，也不會被原諒。她但願這次失誤從不曾發生，但願她能讓這件事消失。通常她以隨時能掌控一切而自豪，可是現在她感到無助，覺得無力彌補她對自己以及她的節目所造成的損害。

她母親建議她振作起來，回去工作，可是艾美莉亞想要得到「了結」，來消除那種無助的感覺。她請求與資深製作人會面，逐一分析導致該次失誤的事件。她想要找出遺漏的細節，能夠解釋該次失誤何以發生，能夠說明當時的情況並不正常。在她內心，她希望得到赦免，至少希望別人明白任何人在她這個位子上都可能犯下這個錯誤。換句話說，她希望她的資深製作人能給她所需要的「了結」。

無助感使我們感覺被困住了。「了結」能夠讓我們覺得是種脫離困境的方法。

練習：你怎麼應付無助感？

回想你人生中的某個時刻，當你因為某件發生在你或別人身上的事而感到無助，然後想一想下面這幾個問題。不要把這當成自我批評的方式；我們一向只能運用自己擁有的知識以及可用的資源盡力而為。

- 在這個情況中，你心中湧起什麼感受？
- 你如何應付你的感受？
- 這些感受是否導致你裹足不前？
- 這些感受是否促使你採取行動？
- 回顧過去，你會採取任何不同的做法來回應你的無助嗎？
- 你從自己應付無助感的做法中洞悉了什麼嗎？

如果我假裝一切都好？

和當事人進行諮商時，我得知了他們用來應付（或不去應付）無助感的許多方法。人們往往想盡辦法來全盤否認這些感受。由於我常替慢性疾病患者進行心理諮商，一個明顯的例子是，當事人不肯承認自己的診斷結果，拒絕接受適當的治療；或是雖然服用藥物，但拒絕考慮改變生活方式以維持健康。否認自身感受的另一個例子也許是拒絕承認伴侶有外遇，儘管證據確鑿。唉，否認。**如果我假裝沒這回事，我就不必感覺無助。**可是想當然耳，人生並非如此。

「否認」通常與「渴望了結」緊緊相繫。這是基於一個簡單的邏輯：**如果你說出我想要你說的話，做出我想要你做的事，那麼我就不必覺得有任何責任，也不必被迫向自己承認我沒有掌控力。**

例如，我的諮商當事人米娜告訴我，她的伴侶多米尼克決定從東岸的紐約搬到西岸的洛杉磯。他沒有要求她跟他一起去。她覺得多米尼克需要專注於他的職業生涯，覺得這是個他無法拒絕的機會，覺得他需要用上全部的時間與精力來使這份工作成功。米娜很清楚她所需要的「了結」。她需要一句「是的，我想在洛杉磯建立共同的生活」，或是一句「不，我需要把我的事業放在第一位，在我的生活中沒有妳的位置」。

米娜跟我談她的伴侶關係已經談了很長一段時間。在我看來，多米尼克似乎經常要開會，使他晚上無法在家，更別提他經常需要在週末外出。根據米娜告訴我的事，他似乎在迴避她。可是米娜完全否認她伴侶關係中的這些問題。如果她承認他們之間有這些問題，她就也必須承認這些問題可能與多米尼克對她的興趣減退有關。這將意味著去正視她本身在這些問題中的角色，以及她無力掌控多米尼克對這段關係的投入程度，而她不想這麼做。當他們的關係逐漸瓦解，她忍受不了這種無助的感覺。

得到米娜認為她想得到的「了結」，將會把分手的責任怪罪於多米尼克的工作機會，而非他們倆在伴侶關係惡化的過程中各自扮演的角色。這是她可以接受的。這能讓她繼續否認他們關係破裂的原因，繼續否認她無力彌補這段關係的無助感。米娜想要的「了結」是能夠讓她遠離她對無助感的恐懼。

你曾經有過這種感覺嗎？由於太害怕面對自己實質上的無助，害怕去正視自己完全無力改變一個情況，於是你渴望另一個人能給你「了結」，讓你不必有這種無助的感覺？即使這意味著否認一件殘酷的事實，在你內心深處知道自己有朝一日終將必須面對的事實？

如果你有過，這乃是人之常情。而不擇手段來避免感覺無助，乃是人類的天性。

我無足輕重嗎？

自覺沒有受到認可會喚起無助感，因為沒有受到認可會削弱自信。花一點時間想一想你平常每天可能得到的認可：你的伴侶跟你說早安；你收到一則簡訊或一封電郵，回覆你提出的要求；當你走進工作場所，有人替你把門拉開；一個朋友或家人邀請你參加即將舉行的一場生日派對；一名服務人員感謝你的惠顧。當你讀到這些例子，你的腦中也許會想出更多的例子。

你也可能會想：**嗯……我從來沒把這些事視為認可**。這是因為我們往往認為，日常生活中的這些認可是理所當然的。認可通常發生在無意識的層面。

我們付出這類認可，也得到這類認可。至於我們是否注意到這些認可則取決於各種因素，例如我們有多重視這段關係、我們當時的心情如何、我們心裡還想著什麼事。我們未必會花時間去探究該如何認可別人，也不會花時間去思索自己是否受到了認可。當我們跟別人進行互動，這只是我們日常生活中很平常的一部分。感覺受到認可（即便我們並未意識到）讓我們覺得一切正常，也證明了這個世界乃是安全而友好的。

意思是，直到我們感覺自己在應該得到認可的時候沒有得到認可。這可能很微妙。「認可」會以言語、面部表情、肢體語言、尊重或善意的舉動向我們呈現。因此，一旦缺少了其中一個或多個元素，不管對方是有意還是無意，我們就可能覺得自己沒有受到認可。也許有個同事心不在焉、不願意幫忙、忘了說謝謝。你可能只會翻翻白眼，假定他們今天心情不好；你也可能會試圖和對方談一談——或是說出你的抱怨。你可能會試圖以某種方式來解決心裡的疙瘩。

然而，當事人來找我談的通常不是這種日常生活中沒受到的認可，而是更嚴重一點的。例如，當你的伴侶說他沒有時間和精力來聽你訴說上班時發生的事；或是你朋友生日派對的賓客名單把你漏掉了；還是有個家人拒絕把你當成大人看待，反而表現得高高在上或是羞辱你，只為了提醒你自己的地位。

讓我告訴你羅伯特的故事。他四十多歲，和他的手足與家族成員十分親近。他自認為在維持家族成員的聯繫上發揮了重要作用。他替假日前後的各種家族聚會挑選場地，而且他不在乎為此長途跋涉，如果其他人無法遠行或不想遠行。

有一年，他妹妹提到他們一家人應該計畫在七月聚會。羅伯特覺得這個主意很棒。經過研究之後，他決定全家人應該約在祖母所居住的城鎮，因為祖母要出遠門有困難。他記得祖母家附近的公園裡有座很棒的涼亭可供聚會，於是就先預訂下來。可是他還沒來得及把他的計畫告訴全家人，就收到了他妹妹寄來的邀請卡，宣布這一次的年度家族聚會，將在他妹妹所住的城鎮舉行，請大家把那一天的時間留下來。

羅伯特感到震驚，他妹妹甚至沒來找他商量。他覺得自己沒有受到妹妹的認可，進一步來說，是沒有受到家族其他成員的認可。難道這麼多年來他為了保持家族成員的聯繫所做的努力對他們來說一文不值？

我不知道這世上還有誰沒有經歷過不被認可的感覺——不管對方是家人、朋友或伴侶。我肯定有過這種感受！在這種情況下我們要如何得到「了結」？而你若是在一段關係中長期以來一再感覺自己不受認可，那又會如何？我猜想當你讀到這一章，你可能會回想起你覺得自己沒有受到認可的時候，連同經常隨之而來的無助感。**難道我是隱形人嗎？不被愛？不被重視？**想要回答這些疑問促使我們去尋求「了結」。

練習：我需要從別人那裡得到什麼？

你是否曾經覺得自己沒有被注意、被認可、被聆聽，因此而耿耿於懷？如果是，我在本章中所寫的內容可能會引起你很多共鳴。那麼，你想更具體地了解一下自己嗎？

你想要或希望從別人那裡得到的具體認可是哪幾種呢？是有人替你撐住打開的門？同事在你擅長的事情上請你協助？從伴侶、朋友或家人口中聽見善意與感謝的話語？請獨自坐下來想一想，是什麼讓你感覺自己受到認可。列出一張清單。問問你自己：我所期望得到的是我生活中那些人實際上能做到的嗎？是否有些時候是我期望太高？而有些時候我的期望又太低？

想一想，什麼是你能夠期望你生活中的人做到的，什麼是你不能期望他們做到的。你可能需要把這張清單縮減到合理的範圍。然後在接下來這幾個星期裡，花點時間以你自己希望受到認可的方式去認可別人。「認可別人」這件事本身就有好處，並且看看你會得到什麼回報。

這實在沒道理

「知」的需求乃是我們與生俱來的，這個需求也會令我們感到無助。當事情的發展不如預期，我們會想要得到解答。懸而未決的事必須得到解決。於是我們尋求「了結」。可是這種十分自然的傾向往往由於人類基本上不可預測而被攪亂。以我和當事人進行諮商的經驗，我發現即使是最容易預測的人也會做出令我們驚訝之舉，不管是令人驚喜還是令人驚嚇。

在尋求「了結」時，試圖理解對方的行動可能會對我們造成雙重打擊。我們可能想知道對方為什麼這樣對待我們，為什麼做出傷害我們情感的舉動，可是當我們試圖得到「了結」，我們不但得不到這些疑問的答案，對方的反應還可能令我們更加困惑！當你置身於這種處境，你很容易就會執著於把事情解決。你可能會固執地纏著對方不放，反覆交談，試圖弄懂這一切。「你為什麼那樣做？」「你當時心裡在想什麼？」「你一點都不在乎那可能會對我造成什麼影響嗎？」

只可惜這往往會導致更多的困惑與挫折，也會使你落入感覺無能為力的處境，因為你仰賴對方來向你解釋事情何以如此。基本上你是讓自己內心的平靜取決於另一個人的行動。我的意思並不是說「尋求了結」在本質上就使人感覺無能為力。完全不是。我要說的是，如果試圖仰賴別人的行動來消除你本身的無助感，這可能會使你感到更加無助。

讓我舉個例子。瑪姬和蘇珊娜幾乎形影不離。她們不僅日日夜夜一起工作以建立她們的事業，也是最好的朋友。當然，她們這一路走來也曾遇到過一些障礙，但她們總是能夠解決——直到蘇珊娜背著瑪姬做了一筆交易，成立了一間沒有讓瑪姬參與的新公司。對瑪姬來說，這是種背叛，是她從來沒想過會發生的。瑪姬覺得除非她能理解蘇珊娜何以選擇這樣做，她就無法甘休。

她好幾次去找蘇珊娜談這件事。蘇珊娜一再地說那是個她無法拒絕的機會。當瑪姬問：「那我呢？我們呢？」蘇珊娜就只聳聳肩膀。瑪姬不確定蘇珊娜能給出什麼答案來幫助她理解這個突如其來的舉動。瑪姬不僅沒有能夠得到平靜，反而愈來愈感到沮喪、生氣和無助。可是她無法放棄。

你是否曾經試圖在某個無法合理解釋自己行為的人身上尋求「了結」？你是否因此而感到無助？如同我經常對諮商當事人說的，我們不總是會了解某個人何以決定欺騙我們、對我們說謊或是以別種方式背叛我們；我們不總是會了解我們何以沒有得到自認完全有資格得到的工作，或是何以沒有得到我們應得的獎勵；我們不總是會理解何以我們自認為能夠信任的人會突然背叛我們，以出乎我們意料的方式行事；我們不總是會理解某個人為什麼不以我們想要的方式來愛我們。

而最令人心碎的是，我們不總是會理解我們所愛的某個人為什麼失去了生命。即使死亡是合情合理的，例如當某個人由於年邁而去世，在情感上卻讓人覺得沒什麼道理。無法解答的疑問會令我們感到無助。

身為人類，我們忍受不了無法理解。我們必須把事情弄清楚。可是悲哀而殘酷的事實是：在沒有道理可言的時候繼續要求事情要有道理，你就是在給自己製造痛苦，而且很諷刺地，這還會增加你的無助感。在這種情況下，對「了結」的渴望就會是個陷阱。你會發現自己像幼兒一樣大發脾氣，就好比躺在地上亂踢亂叫，要求生活必須要有道理，要求你的疑問得到回答，要求你能夠在走開時感到平靜、滿足、大徹大悟，而且最重要的是：不再覺得痛苦。

而且這種幼兒般的大發脾氣，往往並不在於理解生活的奧秘，而在於**按照你的方式**去理解，把過失與錯誤都算在別人頭上，而不是算在你自己頭上。我這樣說並沒有苛責或批判之意。幼兒般的大發脾氣是在要求了解意義，然而在這個世界上，除了「人們努力想要做到最好卻沒能成功」這件事實之外，往往沒有更大的意義。這個「人們」指的是他們，也是我們，很可能也包括你在內。凡人都是有缺陷的，因此會傷害別人。而有時候我們會因為無法理解而感到無助。

自我評估：無助感

向自己提出問題是獲得洞見與自知之明的好辦法。下面是你可以向自己提出的幾個問題，讓你更能理解自己可能懷有的無助感，以及這些感受如何影響了你對「了結」的渴望。要仔細思考其中某些問題，可能是件痛苦的事。這些問題的用意並非想要咄咄逼人，也並非想要暗示你缺乏處理情緒的技巧。但我相信提出難以回答的問題有其必要。自知之明就是力量！這是個開始，讓你在生活中做出有益於自己與身邊之人的選擇。

- 我是否覺得自己無路可退或是被困住了？
- 目前對我來說最重要的就是感覺好過一點？
- 我是否覺得我沒辦法讓自己感覺好過一點？

- 我是否常對自己說：「假如這件事或那件事能夠發生就好了……」？
- 我的大腦是否在不斷幻想出一些不同於實際情況的情景？
- 我是否覺得能幫助我找回希望的鑰匙握在別人手中？
- 我是否在對自己說：如果得不到我所需要的「了結」，我的生活可能就不會好轉？
- 我是否發現自己在反覆思考別人可以做些什麼或說些什麼，來讓我覺得好過一點？
- 靠著尋求「了結」來消除我覺得自己沒有受到認可的感覺，這會對我們的關係有益嗎？還是有害？我是否願意承擔這個風險？
- 如果我去找對方談我的無助感，對方可能會有什麼反應？
- 我在情緒上能夠面對每一種可能的結果嗎？我是否擁有我可能需要的必要支持，來幫助我面對？
- 我是否需要從自己內心尋找消除無助感的辦法，而不是向對方尋求「了結」？

把「了結」當成武器來使用

尋求「了結」的動機如果是想要否認無力感，那麼「了結」就可能別有用心，成為一個精心制定的計畫，使情況朝著對你最有利的方向發展，或是使對方去做你想要他們做的事。試圖要別人按照你的隱秘目的行事可能會產生破壞性，將會導致你沒有預料到的結果，例如失去一段關係，或是無助感變得比一開始時更嚴重。這甚至可能成為一種武器。

我曾遇過分別位在這種動態兩端的諮商當事人：那些把「了結」當成武器來使用的人，以及那些被別人把「了結」當成武器來對付的人。有些當事人被邀請去談談過去發生的事，結果對方卻利用這個機會來造成更多傷害。有些當事人碰到對方一再隱瞞，對方先說自己願意談談，但後來又拒絕——先給胡蘿蔔，再用棍子。當你尋求的「了結」被當成武器用來對付你或其他人，那你就會更加感到權力不握在自己手中。

例如，我的諮商當事人譚恩在中學裡曾經受到某個小團體霸凌。許多年後，其中一個主要霸凌者與譚恩聯絡，提起當年他傷害譚恩的事例，並且請求譚恩原諒，而譚恩也原諒了他。然而，事後譚恩不確定整體而言他心裡是否覺得比較好受。一方面，他得到了他一直都認為自己應得的道歉；另一方面，那番交談喚起了他很多不愉快的回憶，他感覺到一股難受的情緒湧上心頭。

雖然那個中學時代的霸凌者聲稱他後悔自己當年的行為，這卻使譚恩回憶起自己在中學時經歷的憤怒與恐懼，回憶起他當年多麼無力自衛，而他帶著當年受到的傷害進入成年時期。他不禁懷疑這是否其實是又給了霸凌者一次機會，讓對方藉由決定「給予」譚恩「了結」而對譚恩展現權力。難道這只是又一個權力遊戲？不論那個霸凌者的真實用意是什麼，譚恩覺得對方給他的「了結」更像是一件用來挑起昔日傷痛的武器。

之後，那個中學時代的霸凌者邀請譚恩加入他們母校的一個臉書群組，說他相信其他同學也想重新與他聯絡。譚恩加入了那個群組，立刻就感覺像是回到了中學時代，跟同樣那群學生在一起，如今大家都是中年人了。當他們貼文提及對他來說乃是痛苦事件的美好回憶，譚恩激動地回想起他們不友善的話語和排外的小團體。

因此，儘管與他聯絡的那個霸凌者可能感覺得到了某種「了結」，譚恩卻沒有同感。如果對方沒有考慮到喚起這些回憶以及邀請他參加高中同學群組可能對他造成的衝擊，那他不得不質疑對方向他道歉背後的意圖。昔日被帶進了現在，而「了結」感覺像是被對方當成武器，帶來了更多的痛苦。

本章結語：感覺無助乃是人之常情

「人類做計畫，上帝就發笑。」你曾經聽過這個說法嗎？這很恰當地總結了人類的處境，也總結了由無助感所激發的「了結」。我們想要掌控發生在自己生活中的事，想要避免難過和痛苦的感受。我們想要知道「為什麼」！另一個選項則是感覺無助。

可是生活中大部分的事都在我們掌控之外。很遺憾，事情就是這樣。因此，知足的關鍵就在於承認自己缺乏掌控力，並且接受這件事實。當我們接受自己無法掌控之處，就更能認出我們**能夠**掌控之處，並且善用自己的掌控力。

懷著無助是種令人難受的感覺。這意味著接受生活有很多事不在我們掌控之中，儘管我們但願事情並非如此。然而這也意味著你能夠停止去打無謂的仗。當你停止去打無謂的仗，你就賦予自己能力去掌控你能夠掌控之處，在人生中向前邁進。

這對「了結」來說意味著什麼呢？這意味著接受你在哪些地方能夠得到「了結」，在哪些地方不能。也意味著使用你的理性思考，以適用於該情況的方式來尋求「了結」，進行務實的評估，針對什麼是可能做到的、什麼是不可能做到的。以賦予自己能力的方式去尋求「了結」，不要試圖掌控別人，也不要給予別人掌控你情緒健康的權力，從而貶低你自己。這才是健康的「了結」。

CHAPTER 6
我們想要原諒

痛苦、憤怒與無助的感受往往是尋求「了結」背後的動機。另一個動機則是對原諒的渴望，常見的程度令人心碎。我們可能為了自覺做出有害的行為而想得到別人原諒，也可能想要別人看出自己做錯了事而來請求我們原諒。不論是前者或後者，尋求原諒可能會達成當事人所需要、對彼此都有益的「了結」——也可能讓我們被困在無盡的循環中，尋找始終得不到的「了結」。

「對不起。」

「我向你道歉。」

「請原諒我。」

如果我說這幾句話乃是一種語言中最深刻的話語，你也許會同意。要說出這幾句話可能很難，而要聽到這幾句話可能也一樣困難。當你讀到這幾句話，你腦中是否浮現出一些回憶——當你進行一次有關原諒的交談，不管是對方請求你原諒，還是你請求對方原諒，當你想到這些回憶，你心中湧起哪幾種情緒？我猜想你會百感交集——悲傷、憤怒、苦樂參半。原諒可能是直截了當的，但也可能很複雜，無論是在情緒上還是心理上。

要說「對不起」很難

要充分探討「原諒」做為「尋求了結」的一個動機，我想先談談請求別人原諒何以如此困難。

人類有個基本需求，就是想要認為自己是對的。我們不喜歡承認自己犯了錯，不願意認為自己心胸狹窄、能力差、健忘，或是具有或多或少的各種缺點（不管是真實的缺點，還是感覺上的缺點），乃至於我們可能會需要請求別人原諒。我們就是不喜歡承認自己對別人犯了錯，承認自己錯了也可能表示承認對方是對的。把這些全加在一起，就等於要面對「自己並不完美」這件事實。

然而，這也就是為什麼請求別人原諒能夠使我們感到解脫，儘管要請求原諒很難。這使我們能夠接受自己的不完美與人性。請求原諒能有助於修補一段關係中由於任何過失而可能產生的裂痕。事實上，請求別人原諒我們的過錯能夠促使對方也為了本身的過錯而請求原諒。由此產生的療癒對於尋求原諒的人、給予原諒的人以及兩人之間的關係都有好處。

那麼，是什麼阻礙了我們呢？

不要低估了我們的「自我」所起的作用。請求原諒令我們感到慚愧。我們可能會覺得這打擊了我們的自尊心，或是覺得這是為了抬高別人而貶低自己，讓對方占了上風，付出代價的卻是我們。如果你已經在受苦，你的「自我」可能感覺特別脆弱，要承認自己的錯誤可能令你難以承受。你可能會覺得需要竭盡所能來保護你的自尊心，請求原諒似乎不在考慮之列。

「我對你做的事讓我寢食難安！」

雖然想到放低姿態道歉可能讓我們覺得不好受，可是明知道自己需要道歉卻沒有道歉，活在這種內疚與羞愧中也會讓人不好受。內疚與羞愧是人類很難忍受的兩種情況。

「內疚」與「羞愧」這兩個詞經常可以互換使用，可是在我個人的經驗裡，這兩者之間有著細微的差異。「內疚」基本上是由於你知道自己做錯了某件事，或者至少是想像或假定你可能做錯了某件事。「羞愧」則是當你自認為做錯了某件事時所感受到的痛苦，或是當你認為你的品格或個性有某個地方有問題，不管你能否確實指出你實際上所犯的任何錯誤。我認為「羞愧」是因「內疚」而起的情緒反應，可是這兩者經常一起出現；我們意識到自己做錯了某件事，而我們對於自身行為顯示出我們是什麼樣的人而感到羞愧。「做了這種事讓我感覺很糟。」

然而，內疚並不總是伴隨著羞愧。我們可能知道自己做出了一件錯誤的行為，但我們未必認為這表示我們本質上是壞人，也許是因為所犯的過失相對較小（「我忘了回覆朋友的簡訊，但是我很快就會回覆」），或是因為我們不在乎自己造成的損害（「的確，我犯了逃漏稅的錯，但是我一點也不覺得羞愧」。）

內疚與羞愧往往伴隨著我們最大的恐懼之一：害怕被揭發為壞人，或是被別人指出我們所做的壞事。被揭發讓我們聯想到被批評、被嘲笑，或是被視為不合群的人。在感到非常羞愧時，我們也會害怕別人對我們會有什麼想法，會怎麼說我們，或是為了我們做錯的事會怎麼懲罰我們。

因此，內疚與羞愧當然會是我們想要尋求「了結」的強烈動機。這兩種情緒會蠶食我們的靈魂，在我們清醒時糾纏我們，也讓我們在夜裡無法安眠。

為了做進一步的說明，以下是伊莎貝拉的故事。伊莎貝拉知道自己在發給主管的電郵裡批評班恩是件卑劣的事，甚至在她這麼做之前就心知肚明。她在一項專案結束後寫了一封電郵，在信中大肆誇耀自己的貢獻，又說她「很高興有機會在班恩陷入困境時拉他一把」。事實是，伊莎貝拉一直都很喜歡與班恩一起工作，可是目前她想要得到晉升，因此拚命想要得分。所以她使了一個賤招。在她內心，伊莎貝拉知道自己使用了辦公室政治的齷齪伎倆，而她覺得她對班恩所做的事是情理不容的。她對自己的行為感到十分羞愧，後悔自己寫了那封電郵給主管。她希望班恩理解她為什麼那樣做，希望得到他的原諒。她和他聯絡，請求他跟她碰面，可是到目前為止班恩不予理會。

伊莎貝拉需要消除自己的內疚與羞愧，而她希望完全獲得班恩的原諒將有助於她做到。她也想繼續和班恩維持良好的工作關係，她知道自己傷害了班恩的感情，而她需要彌補她所造成的傷害，才能使他們繼續有效率地一起工作。換句話說，內疚與羞愧促使伊莎貝拉向班恩尋求「了結」。

自我評估：在請求原諒時設定期望

尋求任何形式的「了結」都始於自我覺察。如果你覺得自己傷害了另一個人，問問你自己：

- 確切來說，我對這個人做了什麼？
- 我認為（或知道）這對此人造成了什麼影響？
- 我覺得內疚嗎？羞愧嗎？兩者都有？
- 我需要直接道歉嗎？我需要採取其他行動來彌補損害嗎？
- 當我致歉時，對方可能會有哪些反應？我是否準備好面對每一種可能的反應？

「你不為了自己對我做的事而感到抱歉嗎？」

當我們知道自己錯待了某個人，我們可能會感到內疚與羞愧，可是當我們知道別人錯待了我們，我們感覺到的不好受又不一樣。

如果受到的傷害輕微，我們可能也不太需要對方道歉。例如，你網購了一件商品，結果寄來的商品不對，使你必須花時間退回，那麼你可能會期望該公司向你道歉。如果對方道歉了，你就感覺得到了「了結」。即使對方沒有道歉，這可能也沒什麼大不了，只要你收到了退款。人本來就會犯錯，公司也會犯錯。如果對日常生活中的每一件小過失都要求得到「了結」，那會使人精疲力竭，也會奪去我們寶貴的時間和精力。

可是那些我們無法置之不理的情緒傷害呢？我指的不是像「商品包裝錯誤」這種日常生活中的惱人事件，而是指（但願）不是每天都會發生的那種更傷人的情況。例如像班恩一樣遭到伊莎貝拉算計；或是當你自以為能夠信賴伴侶的忠實，卻發現伴侶對你不忠；還是聽見朋友說，你們有個共同的朋友在你背後說了傷害你的話。在這類情況下，收到道歉就會重要得多。你會想要對方請求你原諒，甚至會期望對方這麼做。

當別人以某種方式得罪了你，不管是實際上還是個人感知上，這會喚起很多感受。你可能感到難過和受傷，也可能感到失望，因為對方這種行為完全違背了你的期望。他們怎麼能做出這種事？也別忘了憤怒感。他們竟敢這樣做！（如同在第四章討論過的，要記得憤怒固然可能是種原始情緒，卻也可能被用來掩蓋悲傷、失望或其他令你難受的情緒，使你感到無助，除了難受之外什麼事都做不了。）

如果有其他人知道某人對不起你，你可能就還有額外的壓力，覺得自己被暴露在眾人的目光下或是受到批判；你可能會擔心如果你不為自己挺身而出去要求對方請你原諒，別人就會認為你生性軟弱。再回到伊莎貝拉與班恩的那個例子上，如果有同事知道他們兩人之間發生的事，同事就可能會指導班恩該對伊莎貝拉說些什麼，告誡他不要「畏縮」，免得她認為她那樣做沒有關係。

你的自尊心也可能受到威脅。你可能會納悶自己是否做了什麼才使你受到這種對待，或是覺得自己很蠢，居然一直都信賴那個傷害你的人。也許在過去的一次衝突中，有人對你說：「別讓他們得逞」，於是現在你覺得有責任要對方道歉，雖然我們當然無法控制別人的行動。你心中可能覺得自己應該得到道歉，覺得你需要得到道歉來療癒你被傷害的感情。

當諮商當事人向我談到他們渴望得到道歉，我們經常談到由一個人所引發的巨大失望。我的當事人告訴我一些故事，關於他們生命中重要的人令他們失望，或是做了某件破壞他們信任的事。他們談到沒有得到某個人的支持，當對方應該要挺身提供情緒救援，卻任由他們陷在困境中自生自滅。他們談到受到攻擊，通常是在言語上，但有時也在身體上。處於這種情況中的當事人通常用「震驚」來描述他們最初的反應。這種事從何而來？為何發生？下一個反應往往是失望，接下來則是諸如悲傷、憤怒，乃至恐懼的各種感受。

如果我所信賴的這個人這樣對待我，我的未來會是什麼樣子？我還能再度信賴任何人嗎？

心理治療師通常會建議諮商當事人不要對別人抱持期望。我肯定可以迅速簡短地上一課，談我們沒有辦法掌控別人。但是讓我們面對事實吧。當我們讓別人在情感上接近我們，做為朋友、家人、伴侶或同事，我們就會對他們產生期望。有何不可呢？在某種程度上，這是健康的。當我們對別人敞開胸懷，我們建立起信賴，而隨著信賴就會產生一定的期望。當我說了什麼或做了什麼，我期望並且信賴你不會以傷人的方式來回應。視這段關係的性質而定，我們或多或少會卸下防備。

在許多方面，受到某人背叛的經驗是一種「失去」。你失去了你自以為擁有的那種關係。而當我們經歷了「失去」，我們會感到悲傷。此外，嚴重的失望或背叛會勾起你過去遭受失望與背叛的感受，讓你受傷更深。你可能會經歷到過去曾經傷害過你的人讓你累積下來的所有感受。對「了結」的需求可能會更為迫切。

讓我來舉個例子。戴安娜患有多發性硬化症，已經開始出現症狀。她行走時有困難，雖然困難不大，但是足以讓她丈夫吉米有時必須伸手攙扶。一天下午，他們開車去購買生鮮食物回來，戴安娜累壞了，下車時搖搖欲墜，吉米趕緊下車繞到她這一側，扶住了她的手臂。

他們隔壁的鄰居喬伊絲剛好在前院目睹了這一幕。她和戴安娜是朋友，可是戴安娜是個非常重視隱私的人，還不曾向喬伊絲說過自己的診斷結果。

喬伊絲立刻跑過來說：「戴安娜，我看見剛才發生的事了。妳的健康情況不如從前已經有很長一段時間了。請讓我知道我能幫上什麼忙。」戴安娜說明自己患有多發性硬化症，並且請求喬伊絲不要說出去，因為她不想回答所有街坊鄰居的詢問。

這個消息令喬伊絲感到很難過。事實上，她太難過了，於是就向另一個鄰居布倫特傾訴，而戴安娜和布倫特並不熟。喬伊絲要他發誓保密，可是幾個星期之後，布倫特順道過來探望，給戴安娜打氣。雖然他是好意，但是她生病的事傳了出去把戴安娜嚇壞了。她深深覺得受到了背叛。

「我不知道我是否還能再次信賴喬伊絲，」那天夜裡戴安娜對吉米說。「我感覺被背叛了。她在我背後講我的事，我對她感到失望。她把我變成閒言閒語的話題。我的朋友不該這樣對待我。」

「如果喬伊絲請求妳原諒呢？」吉米說，「那妳也許會覺得好過一點。」

「她請求我原諒了嗎？」戴安娜回答。「如果她知道布倫特做了什麼，她就該知道我有多受傷。」

喬伊絲的確知道。布倫特來向她自誇，說自己多麼樂於助人，說他表示過願意幫助戴安娜，雖然他們並不熟。布倫特這樣說的時候，喬伊絲的心一沉。她知道自己做了什麼。她很了解戴安娜，足以知道戴安娜想必覺得很受傷。「原諒」能夠提供某種「了結」嗎？

自我評估：在原諒別人時設定期望

如果別人向你道歉了，或是打算來向你道歉，自我覺察就又變得重要。問問你自己：

- 此人對我造成了什麼損害？
- 我是否完全清楚他的參與程度，相對於其他因素或可能涉及其中的其他人？
- 我需要理解什麼才能去考慮原諒？
- 我需要從對方口中聽見什麼才能考慮原諒他們？要他們認錯？表示羞愧？願意承擔責任？

- 我想要原諒對方嗎？還是我想要趁著對方請求原諒的機會，讓他們承受我認為他們應得的痛苦？
- 在我考慮原諒他們時，怎麼做對我最好？
- 還有誰牽涉其中？我原不原諒對方對可能牽涉其中的其他人會造成什麼影響？

權力的動態

你可能從歲月中學到，無論是好是壞，人類的互動往往涉及權力的交換。這種權力動態經常出現在尋求「了結」的嘗試中，而在給予原諒或得到原諒時肯定更常出現。一個人表示歉意，並且請求另一個人原諒；另一個人請求（或要求）對方道歉，然後決定是否要接受道歉。一個人有權力給予，另一個人有權力接受。

這一切都歸結到「自我」。你知道「自我」是怎麼回事。它出現在我們的許多互動中，而我們想要加以保護。有時候我們太想要保護自我，乃至於我們願意冒著失去一段關係的風險。即使我們認為，我們的自我是由鈦金屬打造，在生活中還是會面臨各種情況，使我們必須承認自己跟所有人一樣有自己的痛處，或是築起一道銅牆鐵壁，告訴自己我們不在乎。

一方面，想要保護自我可能會阻止我們承認自己傷害了別人。「我沒有做錯什麼。我哪裡在乎你原不原諒我？」**我的自尊心受到了攻擊。我的自我必須保持完好！**另一方面，我們的自我可能會對我們說：某人的行為，不管多麼無辜，在某種程度上是對我們的一種侮辱，是別人蓄意犯下的行為。「你必須道歉！可是你值得我原諒嗎？」**我的自尊心受到了攻擊。我的自我必須保持完好！**

如同在本章前面所討論過的，向別人致歉需要承認你做的某件事對別人造成了傷害，不管是有意或無意，是直接還是間接，或者至少要承認你沒有顧及他們的感受。基本上，向別人致歉需要承認你在某種程度上有錯。這可能意味著你必須自我反省，必須質疑你本身的動機與行為。如果你的自尊是建立在滿足自我的需求上，包括「我永遠是對的」，那麼質疑你自己就會讓你感覺受到威脅。道歉可以是一個機會，讓你仔細檢視你的自尊是建立在什麼基礎上，讓你去質疑你的自尊是否乃是以自認為比別人優越為基礎，而非以同情以及兼顧別人與自己的需求為基礎。當你要決定你將來想要成為什麼樣的人，向你所傷害的人提供「了結」也可能在你自己的生活中給你某種「了結」。可是首先，你可能需要決定超脫於自我的需求之外。

令人意外的是，收到道歉也可能會威脅到我們的自我，因為這涉及在對你造成傷害的人面前顯得脆弱。你不僅承認了對方有力量來傷害你，同時也讓自己陷入一個處境，讓對方可以拒絕承認自己做錯了事或是拒絕承認自己有義務道歉。假如這種情況發生了，那麼你受到對方傷害的感覺可能會加倍。這是我們不願意去想像的。

當傷害造成時，「得到原諒」或「給予原諒」能夠提供所需要的「了結」，但這可能意味著表現出脆弱，要冒著風險詢問自己想要什麼，承認自己錯了，讓出一些權力。這對我們人類來說是件十分困難的事。

事關「原諒」時該有哪些預期？

一如任何以達到「了結」為目標的談話，我會鼓勵有意請求原諒或接受原諒的諮商當事人先想清楚這番談話可能的結果，以及他們是否能夠接受每一種可能的結果。他們未必需要喜歡這個結果，但是必須要能夠接受。雖然先意識到可能的結果未必能保護我們免於進一步的情緒痛苦，卻的確有助於我們做好承受痛苦的準備。

當你尋求原諒，理想的「了結」會像是這樣：對方接受了你的道歉。你說起那件造成傷害的行為背後的原因，事情何以發生，是有意還是無意；然後你們決定你們的關係要如何繼續。這不僅有助於減少你可能感到的內疚與羞愧，也是個機會，讓你更了解自己以及你們之間的關係。

當你藉由請求原諒來尋求「了結」，下面是你需要考慮的另外幾件事。

- 採取補救措施能夠強化「了結」。你可以表示願意彌補你所造成的損害，例如，當你要向你造謠的對象道歉，去向你散播了有關某人謠言的那些人澄清。視情況而定，也可能需要做些金錢上的補償。做出補救能讓對方看出你是真心想和他們達成「了結」。

- 如果道歉表達出內疚、卻沒有表達出責任感；或是表達出責任感、卻沒有表達出內疚，結果可能得到原諒，也可能得不到原諒。如果看起來像是你想要減輕自己內心的不安，卻沒有做出補救，或是看起來像是你明白自己犯了錯，卻並沒有覺得過意不去，那麼你道歉的對象可能不會滿意，事實上可能會更生氣。在這種情況下，你就沒有達成「了結」，而是加深了傷口。
- 如果你需要道歉的對象拒絕聽你道歉，你可能需要多嘗試幾次來跟對方進行這番談話。你可能需要藉此來表示你是真心想和對方達成「了結」。但是請注意：請善加判斷。要留心屢次嘗試道歉可能會逾越對方的界線。如果對方顯然沒有進一步溝通的意願，你就該縮手。你試過了，而對方不想接受。
- 在沒能交談的情況下，做出補救或是提供善意的舉動與服務能有助於帶來「了結」，或者至少是打開了通往「了結」的那扇門。這也許不是你希望得到的「了結」，但這可以是朝著正確的方向邁出的一步。

當然，身為犯錯的那個人，你可以忽視這整個情況，希望你所造成的傷口會自行復原，希望時間久了對方就會忘記，而你們的關係就會恢復正常。這並非不可能。可是對你們的關係來說，這是最好的做法嗎？以我身為心理健康專業人士的經驗，人們通常不會忘記別人對他們造成的傷害。這個傷害會被記住，表面上被嚥下，但仍在發酵，導致對方對你產生反感或是缺少信賴，這些負面情緒在將來可能會再次浮現。擺著這個棘手的問題不去解決，對你來說值得嗎？當然，我知道真實的人生並不總像電視上的兒少節目，可是你為什麼不盡力把關係建立在誠實與同情的基礎上並且加以維持呢？

死後的原諒

我可以毫不懷疑地說，跟那些覺得需要得到已故親友原諒的諮商當事人談話，是最令人心痛的。而且老實說，每次當你生命中有人離開人世，你可能都會回憶起自己曾經希望對方原諒你犯的一些小錯（那種我們全都會犯的小錯），回憶起溝通破裂或是由於情感受傷而爆發的怒氣。

正在處理哀傷情緒的當事人常常會說「我不曉得他們是否知道……」或是說「我從來沒有機會……」，而後者更令人難受。在哀傷中，我們比較不會著眼於亡者對我們造成的傷害，即使是短暫的傷害，而更可能著眼於我們這麼多年來對亡者造成的傷害。「他們知道我有多抱歉嗎？」

接下來是最艱難的問題：「我要如何得到了結？」

在因哀悼而痛苦的時候，我們不會用最正常的視力來檢視自己與已逝親友共度的時光。我們的心思集中在他們的死亡，滿心都是疑問，針對我們說過的話和沒說的話。我們一心想要消除自己的痛苦。如果知道自己做了所有該做的事，就有助於減輕痛苦。而如果我們沒有做到所有該做的事，我們就希望能確保對方原諒了我們。尤其是當我們從未請求對方原諒，甚至沒想過自己需要去請求原諒，直到為時已晚。

想要「知道」是人類的基本需求。在對方死亡之後，有些事情再也沒辦法知道，我們的心智沒有用武之地。我們要如何忍受那種痛苦？

我遇過有些當事人決定和年邁的父親或母親斷絕聯絡，想給父母「一個教訓」，結果在還沒有機會解釋他們何以斷絕聯絡之前（更常是在沒能請求父母原諒之前），就失去了父親或母親。我遇過當事人在跟朋友爭吵時說了些非常難聽的話，而不久之後這個朋友就在一場意外事故中喪生。我遇過當事人在照顧家人時偶爾會耐心用盡，由於身心疲憊而發起脾氣，如今他們覺得自己忍受不了去回想自己當時的行為和家人的反應（或沒有反應）。他們在事後來找我協助他們整理自己支離破碎的情緒。止不住的悲傷。乞求原諒，乞求赦免，乞求某種「了結」。

我們無法從已經去世的人那裡得到原諒。偶然發現死者留給我們一封信，在信中給予我們「了結」，這種事大概只會發生在電影中。我們無法請求對方原諒，如今已經無法做到，為時已晚。因此，我鼓勵當事人著眼於他們與死者關係的全貌，如果他們準備好這樣做。這有助於他們允許自己當個凡人，接受他們以當時所擁有的知識與資源已經盡力而為。不要把焦點放在他們沒做的事和後悔的事，而著眼於他們盡力陪伴親人、以他們所知道的方式來照顧親人的時光。在任何一段關係的互動中都會有爭吵和難聽的話，然而也會有和樂融融的時刻。

有時候我能夠幫助當事人用比較平衡的眼光來看待自己和已逝親友相處的時光，看見人際關係的起伏，接受這段關係的全貌，接受自己的優缺點和已逝親友的優缺點。有時候我則幫不上什麼忙，而他們就只看見自己對已逝親友犯下的過錯。而你知道嗎？有時候他們所犯下的過錯就是那段關係的重點，而他們只剩下內疚與羞愧，對著上帝或宇宙大聲抱怨人生的不公平，乞求再有一次機會來得到了結。

「了結」不僅在於敞開心扉交談，在有人去世時尤其要考慮到這一點。「了結」也可以在於選擇做得更好。活出亡者希望我們活出的樣子，體現出他們會希望我們體現出的價值，以他們的名義來行善。

在得到「了結」這件事上，我們有時候必須要有創意。在你內心尋找獲得「了結」的方式，可能是朝著療癒自己邁出的一大步。

練習：原諒以及被原諒

「原諒」往往以書面形式出現：一封信、一則簡訊、一封電郵。回顧你的過去，找出一個曾經以某種方式傷害過你的人，不管你當時是小孩還是成年人，然後寫一封你想從對方那裡收到的請求原諒的信。接著找出一個你曾經傷害過的人，寫一封道歉信給對方。這些信並非用來與別人分享，就只是為了你自己而寫。等寫完之後，細細品嘗那份從原諒與被原諒而來的滿足。把你的思緒寫在紙上（或螢幕上）可以帶來深刻的滿足。也請考慮到：這也許有助於給予你真正需要的「了結」，即使沒有對方的參與。

本章結語：這仍然值得考慮

我們這些可憐的人類。我們就像鋼珠臺裡射出的鋼珠一樣，互相衝撞。有時候我們憑著最好的直覺行事，建立起人際連結，製造出善意、互惠互利、互相關愛。有時候我們卻不這麼做，而給碰巧在場的人造成傷害，通常是我們最親愛的那些人。我們的確可能對彼此很刻薄。然後我們只能收拾自己不安的心，收拾我們造成的傷害與受到的傷害。我們需要請求對方原諒，可是我們的自尊心妨礙了我們；我們需要原諒對方，可是我們的自尊心妨礙了我們。

人類具有「原諒別人」與「接受別人原諒」的潛能，有時候這種潛能得以發揮。於是「了結」發生了。感覺就像個奇蹟，也的確是個奇蹟。由於種種原因，我們不可能總是透過原諒而得到「了結」，但這仍舊值得考慮，甚至值得一試。

CHAPTER

7

「了結」是一個循環的一部分

想到「了結」，我們首先想到的通常是一次性的事件。某件事發生了，使我們想要得到解決，小至在車流中有人強行超車，大至失去摯愛的親友。這是我們在前面四章裡著重探討的各種事件，談到我們之所以想得到「了結」乃是因為我們覺得受傷、感到憤怒、感到無助或是需要原諒。可是我們之所以想得到「了結」，最常見的原因也許在於我們的日常生活中有一種循環一再重演。

人類容易陷入行為模式，我們似乎天生如此。我們自己會陷入行為模式，彼此之間也會。這些模式能提供安全感與信賴感，因為它們使我們知道對彼此能有什麼期待。可是它們也可能具有破壞性，因為有許多行為模式都涉及互相傷害，之後是得到某種形式的「了結」，以解決所有懸而未決的問題並且療癒傷痛……只不過又重複落入同一種循環。

聽起來很耳熟嗎？如果是這樣，讓我先向你保證：肯定不是只有你這樣覺得。

有點矛盾的是，堅持想得到「了結」有可能就是因為**得不到**「了結」。我的意思是：如果你沒有得到你想要（或自認為需要）的「了結」，你可能會想要再試一次。如果你覺得對方得到了「了結」，而你卻沒有得到，那麼你也可能會想要再試一次。這是說得通的，但也可能是個陷阱。這不僅意味著某個情況可能永遠無法解決，也意味著當事人將永遠無法接受自己沒能得到「了結」，無法繼續向前邁進。當事人的一方或雙方將繼續嘗試得到「了結」，獲得程度不一的成功。這段關係在「還算快樂、穩定」與「不太快樂、不太穩定」之間擺盪，視雙方處於這個循環的哪個階段而定。「於是節奏繼續」（And the beat goes on），如同「桑尼與雪兒」唱的那首經典老歌。

這種循環通常發生在相互依賴的關係裡，其中一方是照顧者，另一方則是被照顧者。照顧者可能想得到「了結」，希望對方會終於承認照顧者替他們做了多少事，終於承認自己有多愛、多需要、多感謝那個永遠在付出的照顧者。**什麼時候你才會終於承認你是多麼需要我？或是終於讓我自由，讓我能有自己的生活？**可是這種不平衡的狀態會持續下去，而照顧者就仍然想要得到「了結」。

這種模式也可能發生在一段根本就有毒的關係中。例如，雙方對待彼此的方式很糟，兩人內心深處都知道在一段比較健康的關係裡他們將能過得更好，甚至於獨自一人也會過得更好，但他們卻無法扯掉繃帶向前邁進。他們又一次做了達成「了結」的交談，又一次同意向前邁進——直到幾天之後，他們又一次找到其他理由復合。這讓人想起另一首經典老歌：「文學士合唱團」（The Stylistics）所唱的〈為了復合而分手〉（Break Up to Make Up）。當一段有毒的關係涉及言語暴力或身體虐待，看見雙方困在彼此都知道應該要終結的痛苦循環中，是件格外不幸的事。

然而，諸如互相依賴、有毒的關係與虐待這些不健康的互動，並非這種循環的唯一原因。大多數人都曾經在某個時候落入這種模式。這可能發生在戀愛關係中、職場上、家庭成員之中以及其他地方，我們將會在本章分別加以探討。

被困在愛恨交織的關係中

只有夢中的戀愛關係是不複雜的。在現實生活中，戀愛關係很麻煩。有時候麻煩到我們必須自問是什麼讓我們留在這段關係裡——意思是，如果我們能夠誠實地回答這個問題。你是否曾經有過一段看似很有潛能的關係，但你們卻從來無法發揮那個潛能？相反地，你們的關係起起落落，有融洽的時光，也有無法溝通（甚至也許根本就是互相折磨）的時光，彷彿你們不住在同一個星球上。

但是你們堅持下來。你們把話攤開來說清楚，對彼此做出承諾，你們得到了「了結」，準備好向前邁進。可是你們又落入原本的模式。或者你們決定唯一的「了結」就是結束這段關係，於是你們就這麼做了。但後來你們又找到方式回到彼此身邊。

戀愛關係會使人上癮。在對方身旁激增的腦內啡會使我們上癮，尤其是在戀愛初期，可是我們也會對爭吵時感受到的憤怒衝動上癮。我們沉迷於為了自己所承受的痛苦而感到悲傷並且引來同情。「了結」本身就提供了一種快感，而我們也可能會對此上癮。

在我的諮商當事人中，這是常見的關係模式。我發現這種互動經常發生在戀愛遊戲的初期，當你還在學習在一段關係裡你想要什麼、不想要什麼，還在決定你願意忍受伴侶身上哪些地方、不願意忍受哪些地方。但是我也遇到過當事人耗費了許多歲月在一段又一段的關係中重複同樣這個模式，以對「了結」的渴望為理由來避免結束一段關係，使彼此困在不快樂的無盡循環中。而最悲哀的是，我見過許多情侶持續這種模式許多年。

就像尼克與艾瑪。尼克和艾瑪在一起很多年了，他們偶爾會談到結婚，但是從未朝這個方向邁進。為什麼呢？因為對他們來說，「在一起」的定義很寬鬆。當然，他們有關係穩定的所有外在跡象。他們的父母互相認識，他們的朋友互相認識，就連他們的同事也認識彼此。他們有一間很棒的公寓，喜歡邀請朋友來家裡吃飯。這個情況有什麼問題嗎？嗯，問題很多。

尼克與艾瑪這些年來經歷過許多起起伏伏，他們會有一段時間不說話，然後又回到彼此身邊。為了什麼呢？你可能會問。在上一次關係破裂到下一次關係破裂之間，他們似乎無法好好相處很久。他們會為了一些尋常事物起爭執，例如家事如何分工。住在一起幾年之後，他們仍然沒有建立起維持家庭運作的固定節奏。他們為了花錢的方式爭吵，最近一次是在購物時公開爭吵——這種情況並不罕見。他們意見不一致，在度假安排上、在政治上……但凡你說得出來的事，他們大概都意見分歧。兩人都經常在對方不在場時，對親密友人說他們無法跟對方一起生活，但是少了對方也無法生活。

所以，是什麼讓他們繼續在一起呢？你猜到了。是尋求「了結」的循環。他們會坐下來，把一切都攤開來說，有時候會用上憤怒的言語和指責。他們向彼此承諾將來會做得更好，重申想要在一起的渴望，也許用很棒的復合性愛來達成目的。要不就是他們會同意該是分手的時候了。他們各自退居公寓的一隅，兩人都開始尋找別的住處。可是他們從來沒有找到徹底結束這段關係的方式。遲早他們會親吻對方然後復合——重新開始互相折磨。

有幾個星期的時間，一切似乎都很順利。很難說這個循環是以「了結」開始還是結束，但可以肯定的是，不管他們同意了什麼，還是同意在哪些事情上持不同意見，那很快就會成為另一次爭吵的理由。

如果你曾經置身於類似的關係中，你可能會有同感，甚至可能在讀到他們的故事時有好幾次感到尷尬。事情的真相是，尼克和艾瑪並不適合彼此，儘管他們可能會有不同的說法。事實上，他們的關係可能算得上有害。他們似乎是為了讓對方不快樂而存在。他們為了「了結」而暫時復合，但這只會讓另一個不快樂的循環持續下去。如果他們以具有成效的方式來尋求「了結」，那可以是一種解放彼此的辦法，讓他們各自去過自己的生活，或是建立起基礎，關上過去的門，打開另一扇門，通往運作得更好的新版關係。可是對尼克和艾瑪來說，「了結」是一個工具，讓他們找到藉口留在一段不快樂的伴侶關係裡。

練習：列出事件發生的先後順序表

想一想你目前的關係，或是不久前曾有過的關係。拿一張紙，列出一個先後順序表，標出這段關係中的高低起伏。在那段過程中有哪些重要事件？你經驗到什麼樣的情緒？有上升的趨勢嗎？還是下降的趨勢？是什麼造成了這些起伏？在這段關係持續時，你曾在哪些時間點尋求「了結」？為了什麼原因？結果如何？你達成「了結」了嗎？後來呢？

這可能是個痛苦的過程，你可能會覺得暴露在自己面前。但這是個很好的辦法，能替你釐清在這段關係中哪方面運作良好，哪方面令你痛苦。在這個過程中你可能會對自己多一些認識，包括你自己想要努力的方向，或是你在下一段關係中想要避免的事。

被困在愛恨交織的工作中

你是否曾經做過一份工作，在你內心深處你不太確定是什麼讓你留在那裡？你大有理由留下，但似乎也大有理由離開。也許你跟你的主管談過，表達了你的挫折感。於是主管做出了承諾，而你留下了，希望會有最好的結果。可是那些承諾沒有兌現。也許你在別處得到工作機會之後甚至跟主管攤牌，說你要離職了，可是他們勸你留下，稍微提高了你的薪資，並且承諾情況將會改善。於是你留下了，因為你知道現在情況將會改善，既然他們知道如果沒有兌現承諾你就可能會離開。但他們的承諾還是沒有兌現。

史都華在一家小型廣告公司工作了三年。公司老闆是羅莉，她在公司營運的第一年雇用了史都華。史都華經常向朋友描述他的工作為「情緒訓練營」。客戶很難應付，有時候甚至會出言辱罵，薪水比他在其他公司能賺到的少，工時又長，有時接連好幾天、好幾個星期他都不確定自己還能撐多久。可是他繼續在那裡工作。他開玩笑地說，雖然他喜歡在一家所謂的「熱門公司」工作，他希望那些熱度可以用來替他付房租。

是什麼讓他留在那裡呢？羅莉答應給他一大筆年終獎金，還答應給他加薪。可是當年終來臨，她說明這筆獎金終究還是無法發放。她替他加了薪，但是幅度小於他的預期。史都華對她說他覺得自己被利用了，說他將會開始另找工作。羅莉向他表達了他對公司來說有多重要，說他若要離職會多麼令人難過，但是她並未試圖說服他留下。

做過這番談話之後，史都華覺得自己得到了一些「了結」。畢竟他發洩了很久以來就需要發洩的沮喪，而且他得到了認可，認可他對這間公司的重要。他終於覺得自己已經準備好，要去找一份新工作。這令他大大鬆了一口氣。

然而，幾天後羅莉請史都華跟她碰面。她試圖勸他不要離開，承諾下一年他將會得到之前承諾要給他的報酬，用她的話來說，將會「完全補償他」。他將會得到雙份獎金和調幅更大的加薪，來彌補他今年沒拿到的部分。

又一次，年終來臨。羅莉給了史都華她去年承諾給他的獎金，但是沒給他今年這一份。他的薪資也配合生活費用上漲而獲得調整，但是僅止於此。羅莉告訴他，由於公司失去了幾個客戶，她只能做到這樣。可是她承諾下一年的年終，他將會收到這一年的獎金再加上另一份獎金。羅莉說她真心想要「完全補償史都華」，他只需要耐心地再多等一年。史都華表達出他的沮喪，差點就要罵她是個騙子。

也許這就是我真正需要的「了結」，後來他對自己說。**這一次我真的準備好向前邁進了**。可是他不忍心辭職，他想要向自己和羅莉證明他能在這間熱門公司成功。他想著那雙份的獎金將會是多少，想著公司需要信守承諾，給予他這個盡職員工應得的尊重。他決定這就是他真正需要的「了結」——一張豐厚的支票，而不是更多言語。於是他留了下來。

這是怎麼回事？羅莉和史都華陷入了一個循環。史都華揚言要走人，羅莉說她了解他為什麼要走。羅莉承諾要獎勵他的辛勤工作，而史都華想要相信她，得到他自認為應得的快樂結局。史都華無法完全關上身後那扇門，而羅莉則忍不住設法讓門繼續開著。他們需要彼此來演出這齣戲碼。

在職場上，我們經常把金錢和愛畫上等號。當公司剋扣我們金錢，所引發的感受跟金錢本身沒有太大關係，而更在於我們身為人類的價值。除了繳清帳單費用的基本需要之外，這就是使我們困在挫折、剝削，乃至史都華所受到的利用……這種循環中的原因（而且沒錯，就史都華而言，我猜想那也跟他的童年故事有關）。而這也就是為什麼「了結」感覺如此必要。

找我諮商的當事人經常對自己的工作已經忍無可忍，他們的理由與史都華的理由相似。可是一旦主管像羅莉一樣拿出更多美鈔在他們面前搖晃，他們就會上鉤。他們為了他們認為將是「終極了結」的東西留下來：金錢、晉升、他們應得的賞識。得到認可。證明自己是對的。於是他們進入「尋求了結」的第二回合，或是第三、第四回合。當你覺得被似乎永遠無法完成的事給折磨，你很難離開。我們任由自己受騙，等待「終極了結」能讓我們終於「被完全補償」，如同羅莉那極具說服力的說法。

可以說工作關係會按下我們的「愛心按鈕」，而我們要切記這一點。我們經營工作關係的方式或理由可能與經營朋友關係、戀愛關係或家人關係不同，但是身為人類，我們通常也不會把工作關係視為「只是公事」。即使工作關係本身並不特別深刻，卻可能強烈地讓我們想起自己的其他關係。例如，如果我們一直努力想得到父母的認可，就可能會不自覺地也想努力贏得主管的認可。結果是對「了結」的需求更加強烈，而我們也更可能堅持留在一個不令人滿意乃至有害的情況中，希望終於能得到我們自認為應得的「了結」。

停不下來的家族之舞

有時候「了結」實質上被當成不願放手的藉口，如果要討論這種「了結」，就不能不談到家族。讀到這裡，你可能已經眉頭深鎖，而我根本還沒開始說呢。所有的家族都有功能失調之處，至少我接觸過的家庭全都如此。所以讓我再次向你保證，如果你的家族中有某些功能失調的行為，這不僅不罕見，而且很正常。

當我與當事人討論家庭功能失調，我會使用**家族之舞**這個說法。就好比某個人播放起音樂，播放起他最喜歡的曲調，而每個人就都站起來，跳起這支家族之舞。家族之舞的例子包括持續緊張的親子關係、手足之間的競爭或是父親／母親一方面過度需要關注，一方面又惡言相向。家族之舞通常在假日聚會時特別明顯，但很可能經年累月都在進行。而「了結」呢？「了結」在這類情況中會以多種形式出現。家人間的一次大爭吵；一番發洩出許多牢騷的交談，接著是可能會兌現、也可能不會兌現的承諾；有一段時間不跟彼此說話，長時間心懷埋怨，之後關係再逐漸回暖。

「了結」是這支家族之舞的一部分，也是這齣戲碼的一部分，是一扇被關上之後不久就又被打開的門。音樂繼續播放，每個人繼續跳舞。

伊娃與她母親瑪塔之間的關係一向很棘手，而瑪塔與伊娃的哥哥荷西之間卻沒有這種緊張關係。伊娃經常跟荷西開玩笑說她根本不該出生，或者至少不該是個女生。據說瑪塔也常對荷西開玩笑地說養育男生要比養育女生容易得多。瑪塔對於伊娃所做的事似乎從來沒有滿意過。她批評伊娃的髮型、穿著、謀生方式、交往的男人。從伊娃有記憶以來，母親對她就只有批評，而伊娃如今已經三十出頭。兄妹倆的父親似乎知道該如何避開妻子和女兒之間的緊張關係，但荷西還不懂得該如何避開。

伊娃與瑪塔之間的緊張關係醞釀了好幾個月，直到衝突爆發。要爆發衝突只需要小小的導火線。例如瑪塔又說了一句帶刺的話，或是感覺受到伊娃冷落，爭吵於是爆發。爭吵之後就是冷戰。當母女不再說話，就是荷西被拉進這場遊戲的時候，於是這個三角關係就又重新建立起來。瑪塔打電話給兒子，抱怨伊娃做了某件傷她感情的事，或是伊娃做了某個她不贊成的決定。不久之後，伊娃打電話給哥哥，抱怨母親這次又做了什麼讓她覺得自己很糟糕的事。

而荷西怎麼回應呢？他扮演和事佬，先安撫母親的情緒，再安撫妹妹的情緒。他向伊娃提供他的觀點，談談是什麼惹惱了他們的母親，然後再去向母親做同樣的事。他鼓勵她們母女倆聚一聚，分別建議她們表現得好像什麼事也沒有發生。他甚至可能會邀請她們到自己家裡來，當面扮演調解人。

瑪塔和伊娃開心歡聚，決定以後要好好相處，畢竟她們是母女。她們倆都同意能夠理解對方的觀點，「了結」達成了。荷西在情緒上筋疲力盡，但是很高興她們休戰了。直到下一次母女間又爆發衝突。

聽起來很耳熟嗎？我所認識的每個家庭都有一支家族之舞。從表面上看來，這似乎是健康的，而且並非所有的家族之舞都與功能失調有關。家族之舞可能包括：協力提供大量鼓勵給一個自尊心低落的手足；一種打趣的方式，幾乎像是全家人共享的一種秘密語言；或是手足之間互相鼓勵的競爭，有助於激勵每個人都表現得更為傑出。

然而，家族之舞也可能就只是使家庭功能持續失調。你在你的家庭裡曾經有過這種經驗嗎？如果有，你是否也觀察到家族之舞包括一再嘗試得到「了結」，暫時緩解了緊張，卻替下一個循環開啟了大門？

我在工作上遇到過這種循環最好與最糟的例子，是當家族之舞妨礙了患有毒癮、酒癮或精神疾病的家庭成員得到他們所需要的幫助。這種情況之所以發生，是因為家中其他成員在下意識中需要那個患有毒癮、酒癮或精神疾病的家人做為他們挫折感的焦點，做為家庭問題的原因，做為不必正視他們自身問題的藉口。在這個家人背後，家中其他成員可能會抱怨他是個麻煩人物，批評他軟弱，抱怨他需要家人付出的精力與關注。「了結」出現的形式是這一名家庭成員前去做戒斷治療或是承諾按時服藥並接受治療，接著是家人流著淚輪流與他擁抱。可是這種「了結」只是暫時的。家中其他成員會使得那個有癮或患有精神疾病的家人有機會再次崩潰，因為他們需要他來當那個失敗者。

於是節奏就繼續下去。意思是，直到有某個人拒絕再跳這支舞。

你認識的魔鬼

你可能聽過「寧可跟認識的魔鬼打交道，勝過跟不認識的魔鬼打交道」這個說法。人類生來就需要連貫性。我們不喜歡改變，即使是我們主動選擇的正向改變，例如換工作或是搬新家；改變會使我們感受到壓力。我們是如此不喜歡改變，乃至於我們很容易讓自己困在熟悉的圈子裡，即使這個熟悉的圈子令人不愉快或破壞性十足。留在你認識的魔鬼旁邊，可以避免隨著改變而來的未知數。即使我們處於一種糟糕的情況，使我們非常不快樂，我們也能勸自己堅持下去，因為我們至少能夠預期會發生什麼情況。當我們知道每一天都會跟前一天一樣痛苦，就不會有未知數：不良的工作環境至少是可以預料的；比起重新尋找約會對象，惡劣的情侶關係感覺上比較不令人害怕；我們容忍家族之舞，因為這畢竟就是家人會做的事。

尋求「了結」可以導向自由。但是它也可能被我們用來哄騙自己，以為這個情況將會有個快樂結局，以為我們終於採取了必要的步驟來改善一個有害的情況，或是設法從對方口中得到一切將會改善的承諾。在這些情況下，「了結」發揮不了功能，因為在我們內心深處，我們並不想要它發揮功能。我們還沒有準備好。我們害怕痛苦消除之後留下的未知數——或是空虛。

況且「和解」是那麼有趣又那麼令人滿足。暫時如此。

尤其是在戀愛關係中，當雙方讓彼此不快樂，卻似乎既無法修補他們的關係、也無法結束這段關係，尋求「了結」可能會有各種不同的路線，可是所有的路線都殊途同歸，終點都是：針對「了結」進行下一回合的討論。這些討論往往非常情緒化，夾雜著咆哮和哭泣。所有這些情緒都是使這對情侶繼續待在一起的黏膠。很多的情緒，很多的承諾，但是很可能沒有很多的行動或改變。

為什麼呢？因為在他們內心深處，雙方都沒有真心想要改變。如果你曾經有過像這樣的一段關係，你就會明白我的意思。你們對待彼此的方式是如此根深柢固，如此熟悉，乃至於你們很快就發現自己又回復到舊有的熟悉模式。當然，時間一長你們就會受不了，於是你們尋求「了結」。而你們得到了「了結」——這個「了結」既是你們關係結構的一部分，也是必然隨之而來的不幸。

「在人際關係中做到絕對公平」是個錯誤觀念

「讓我們坐下來，談一談我付出了什麼，你又付出了什麼，我該得到什麼，你又該得到什麼。如果我們能夠終於站在平等的基礎上，那我就更能夠放心。我將得到了結。」這種看法很容易就會開啟一連串有關「了結」的對話。為什麼是一連串？因為如果你們這段關係的重點在於確保雙方時時刻刻都對這段關係做出恰好等量的貢獻，那麼你們就會有許多次這樣的對話。一次又一次。

這種不公平的感覺開始得很早。如果你成長時有兄弟姊妹，你可能會記得你必須要和手足分享，不管是家事、最後一個杯子蛋糕，或是去超市途中獲准坐在汽車前座。你可能也必須和手足分享父母或其他照顧者的關注，而你可能有時候（或是經常）會覺得自己沒有像兄弟姊妹一樣得到那麼多關注。（「媽一向偏愛你。」）當孩童感覺自己沒有得到兄弟姊妹所得到的東西，不論是身體或情感上的需求沒有受到平等的關注，還是過度受到批評或懲罰，都會導致非常根本的剝奪感。另一方面，成長過程中沒有手足的孩童可能會對自己應該得到的東西懷有不切實際的期望，或是不明白什麼是分享，因為他們通常不需要跟任何人分享。

在學校裡，不公平與不平等的感覺很可能會更為強烈，不管學生在家裡的經驗是如何。老師可能會顯得偏愛某些學生。不是每個人都會被挑選進入球隊或是參加校內的戲劇演出，即使那些沒入選的學生自認為就跟那些入選的學生一樣有天分或是一樣努力。在教育體系中，我們經歷了一個又一個不公平的情況。有時候我們是贏家，有時候我們是輸家。可能很多時候我們都是輸家。「這不公平。」「他們得到的比我多。」這種抱憾的感覺會影響我們的自尊和自信。

而這種感覺可能會在我們成年之後出現在我們的戀愛關係中。當情侶或夫妻與我對談，「公平」的問題總是會出現。大部分的錢是誰賺的？而這使得他們覺得自己有資格得到什麼？大部分的家事是誰做的？是什麼導致了這種分工？誰承擔了更多養育子女的責任？情侶或夫妻在許多領域都會覺得他們的關係不太平衡，這只是其中常見的幾個領域。「你什麼時候才會明白所有的工作都是我在做，並且開始做你應做的那一份？我在持續對這段關係付出，而我得到了什麼回報？」

遺憾的是，不公平的感覺會導致一段關係的結束，如果這些感覺沒有被好好處理。在理想的情況下，在這種情況中得到「了結」能帶來情緒上的滿足——未必是全然滿足，但至少是有些滿足。就「不公平」而言，這種滿足可能包括一方承認另一方受到了不公平的對待，或是承諾給予對方某種補償，並且勾勒出未來該怎麼走下去的藍圖。這個過程可能很複雜，需要雙方減少自己的防衛心態，傾聽彼此的心聲，並且願意承擔自己應盡的那一份責任，改變自己的行為。如果不夠坦誠，「了結」就只是暫時的，可能導致更多由於不公平而起的衝突，以及更多想要暫時得到「了結」的嘗試。

另一方面，如果在戀愛關係中堅持雙方的貢獻要完全平等，對這段關係來說可能也一樣致命。為什麼呢？因為當你覺得你付出的比得到的多，你就會開始感到忿忿不平，這乃是人類的天性。忿忿不平會導致一方拒絕對另一方付出，以被動攻擊的方式拒絕協助家事，等待家裡亂到足以讓伴侶終於明白自己沒做的事並且動手處理。這可能意味著拒絕籌劃社交活動，認為另一方過得太輕鬆，總是讓伴侶來安排社交活動。拒絕付出也可能導致拒絕親密行為。

這是怎麼回事呢？伴侶當中有一方決定要記錄分數，並且決定自己累積了很多分數。他們覺得自己的貢獻要比對方大得多，因此他們是這段關係中的「獲勝者」。獲勝者不是應該得到某種獎賞嗎？而獎賞是什麼呢？在缺少獎賞的情況下，對方不是應該受到某種懲罰嗎？這又導致一方可能會表現出更多拒絕付出的行為。

要決定一段關係怎麼樣才算公平，這是個困難的過程，不管是戀愛關係、朋友關係、家人關係，還是機構成員或社群成員之間的關係，而我想要澄清，我的用意不在於貶低處理這個過程所涉及的努力。這個過程可能很複雜，所涉及的當然遠遠不只是心理治療師的斡旋（雖然我得說心理健康專業人員在這類情況中肯定能夠發揮有益的作用！）。如果一段關係一直都對其中一方不公平，這種不公平所造成的情緒衝擊可能會使人虛弱。

然而，即使是最牢固的關係也有高潮和低潮。有時候是你的伴侶需要更多支持，另一些時候則是你需要更多的支持。你們也以不同的方式對這段關係做出貢獻。也許你的伴侶比較擅長做計畫，而你比較擅長執行。重點在於「記錄分數」是行不通的，因為你們雙方對這段關係的貢獻無法量化。我經常和其中一方患有慢性疾病的夫妻或情侶討論這一點，生病的一方在家事、金錢和情緒上都需要很多支持。在這種情況下，伴侶關係的低潮期持續的時間可能會比高潮期長得多。有時候，置身於伴侶關係中意味著為了支持對方而擱下一切；隨著我們逐漸年邁，這種機會就會增加。

這跟「了結」有什麼關係呢？我們可能自以為是在某件事情上尋求「了結」，而實際上卻是在拒絕付出，或是懷著被動攻擊的心態。「如果我強迫彼此做出同等的貢獻，我就不必時時感到忿忿不平。」「我將不再做這件事，直到你來收拾殘局。」「你將終於會感激我的付出，而你會設法對這段關係做出更多貢獻，讓我更快樂。」

我可以肯定地說，當你覺得你的伴侶對這段關係的貢獻沒有你多，這不是得到「了結」的辦法。這反而可能對你們的關係造成更多損害，因為你的伴侶將會開始用自己的方式來拒絕付出，和你比賽看誰能拿到最重要、最嚴峻的一分。

幾句關心的話

當「了結」並不真的是「了結」、而是通往更多不幸的一扇門，困在這樣一段關係中並不可恥，而是人之常情。如果你坐在我的諮商室裡，你只會感受到我對你的同情，而非批判。然而，如同我常對諮商當事人說的，你最終還是可以選擇是否要繼續重蹈覆轍，或是要向前邁進。

讓我問你一個更難回答的問題：這種情況是否一再發生在你身上？困在

一段使你痛苦、但你卻無法掙脫的關係裡是一回事，曾多次陷入類似這樣的關係又是另一回事。這種模式對情緒的破壞力很大，使你經常覺得自己被貶低、喪失信心、筋疲力盡。那也許是個徵兆，表現出病態的互相依附、一種精神疾病或是一種人格障礙——所有這些異常情況都是可以治療的，但是沒辦法只靠一本書來治療。一位心理健康專業人員可以跟你談談在情緒上具有破壞力的人際關係模式，幫助你辨認出是什麼吸引你和那些人牽扯在一起，是什麼讓你陷入那些處境，並且幫助你設法做出改變。所以，如果你發現自己陷入了一種循環，在一段又一段的關係裡徒勞地尋找「了結」，也許你就該尋求協助了。不要獨自承受這一切。

另外還得要再補充一件重要的事。在本章中所討論的那種「我就是離不開你」的關係可能也包括了家庭暴力，用如今的說法來說是「親密伴侶暴力」（intimate partner violence），簡稱ＩＰＶ。親密伴侶暴力不僅涉及身體傷害，也可能涉及心理傷害、法律傷害、社交媒體傷害、財務傷害以及其他形式的傷害。身為心理健康專業人員，我的工作最令人痛心的一面就是輔導承受著「親密伴侶暴力」的當事人。有太多時候，「親密伴侶暴力」包括一種分成幾個階段的模式：傷害、接下來是流淚承諾改善以尋求「了結」，或是對被害者進行心理操縱並且怪罪被害者，之後是更多傷害。這種傷害可能會隨著時間而更加強烈、更加危險，每一回合的虛假「了結」都會導致傷害加劇。如果你自覺在你們的關係中可能正承受著「親密伴侶暴力」，當「了結」只是導致更多傷害，你就該向外求助了。

自我評估：「了結」的循環

在這一章裡，我討論了一些人際關係，在這些關係中，尋求「了結」使得不健全的循環持續下去。如果你被困在這樣一種關係中，而你期望得到「了結」，你就該問自己下面這幾個問題。這些問題很難回答，但回答是值得的。

- 我們上次尋求「了結」是什麼時候？討論的是哪個問題？
- 回顧起來，在那個問題上達成「了結」的目標實際上可行嗎？能夠做到嗎？

- 在達成這個目標上我們的表現如何？我們得到的「了結」是完整的嗎？還是不完整？
- 在尋求「了結」之後我感覺如何？生氣？難過？高興？害怕？
- 在試圖達到「了結」之後，我們的關係有什麼改變？
- 我們在多久之後又回復日常的模式？
- 還有這個最難回答的問題：是什麼讓我們繼續在一起？這段關係對我有什麼好處？

本章結語：並非所有的關係都是注定的

我喜歡在烏雲中尋找一線光亮，看出什麼是可能做到的，努力使當事人的人際關係成功。話雖如此，我輔導過的許多當事人被困在具有破壞性的人際關係中，不管是戀愛關係、工作關係、家庭關係或朋友關係。我輔導他們以可能帶來正向改變的方式得到「了結」，而且我的確相信人們有能力改變。

然而，如果那些當事人的處境如同我在本章討論過的情況，與他們有關係的人往往懷有隱秘的目的，而想要另一方以某種方式思考或行事，以達成自己的目的。而我曾經遇到過一些當事人，他們深深被擊垮、喪失自信，或是陷入「試圖證明自己是有價值的」這樣的循環中，乃至於他們沒有意識到自己想要得到「了結」、愛或尊重的屢次嘗試乃是一種虛假的希望。

一段關係如果建立在破壞性行為的模式上，那麼「了結」在其中的作用是什麼？有時候，最好的「了結」就是接受不會有「了結」。這就是我在第二章裡談過的「接受」，而在本書的第四部分還會談得更多。有時候你必須接受你將永遠無法從對方那裡得到你想要的東西，也將永遠不會知道原因。然後，視那段關係而定，你會選擇離開。

令人難過的事實是，並非所有的關係都能成功。有時候一段關係會每況愈下，成為故意刺激對方、操縱對方、拒絕付出，以及其他具有破壞性的行為。「了結」可以修補一段關係，或是至少提供一個機會，讓雙方同意彼此意見不同，結束互相損害的循環。但是「了結」也可能提供虛假的希望，導致進一步的功能失調或傷害。要做個心理健康的人，你可能需要問自己一些困難的問題，需要你願意仔細審視自己，並且承擔所需的風險，以找到你自己的幸福。

PART

3

如何尋求「了結」

CHAPTER 8

設定你的意圖

在第一部分，我們定義了「了結」是什麼、不是什麼。在第二部分，我們深入探討了我們想要得到「了結」的理由——有些理由是健康的，有些則不太健康，但都是人情之常。在第三部分，我們將把這些理解帶入現實世界，討論我們能夠採取的具體步驟，以具有成效與意義的方式來尋求「了結」。這要從「意向」（intentionality）說起。

你也許注意到了，第二部分的每一章都包括了練習以及用來做自我評估的問題。做這些練習與評估的目的在於幫助你仔細檢視，是哪些想法與感受促使你渴望尋求了結。在這一章裡，透過更多的問題和練習，你將掘得更深，以幫助你釐清自己的意圖，再決定「尋求了結」的最佳做法（如果你真的決定要著手尋求了結）。此處的目標在於幫助你從一個能把權力握在自己手中的優勢地位來處理「了結」，讓你不會出於絕望或憤怒而行事，最終對你自己或其他人造成更多傷害。當你本著意圖行事，你就有最好的機會以真正對你有幫助的方式來達到「了結」——也有最好的機會看出什麼時候不可能達到「了結」，並且選擇離開。讓我們來深入了解「設定意圖」這件事。

意圖的重要

起初當你想要得到「了結」，你就只是**想要**。愈快愈好，就是現在。你的憤怒、悲傷、恐懼、沮喪……這些感受都在累積，讓你心裡很不舒服，必須要發洩出來。你只是想要覺得好受一點，而你相信唯有得到「了結」才能讓這些不愉快的感覺消失。

於是你沒有去思考，就只是行動。

然後在事後，當你沒有得到你希望得到的結果，你意識到當你真的去尋求「了結」時，你並不清楚自己究竟**為什麼**需要「了結」。你沒有想過如何以最好的方式來陳述你的情況，也沒有考慮到對方對你的請求（或要求）會有什麼反應。你尋求「了結」是由於驚慌，只是做出反應，而不是由於看清了事態而要展現力量。

一言以蔽之，你缺少意向。

在心理健康領域，近來我們經常談到意向。我們教導諮商當事人，在日常情境中弄清楚自己的意圖何以很重要。我們幫助他們在與別人互動時了解自己的意圖，再把這些意圖以對方能夠聽得進去並且理解的方式傳達給對方。我們會引導他們認清，某些意圖在何時意味著採取某種行動並不符合他們的最佳利益，包括可能促成「了結」的行動。

簡而言之，意向是指：

- 了解你渴望溝通背後的動機。
- 意識到你希望在溝通中達成什麼目的。
- 知道你想要說什麼，也知道你想怎麼說。
- 對於對方可能會有什麼反應，你懷有切合實際的期望。

就「了結」而言，這意味著問你自己：

- 為什麼在這個情況中我需要「了結」？
- 透過和對方交談，我希望達成什麼目的？
- 進行這番談話的最佳方式是什麼？
- 以我對此人的了解以及過去相處的經驗，實際上可能的結果會是什麼？

要充分明白自己的意圖，這個過程可能並不是很愉快。這個過程需要你問自己一些困難的問題，深深看進自己內心深處，並且評估你過去的經驗。是的，你會去思考對方如何造成了你目前的處境，但是你也會檢視自己在這當中扮演的角色。要認清你目前的處境也可能是你自己造成的，這並不容易；事實上，這可能非常困難。可是如果你能設法讓自己本著意圖來行動，就可能得到很大的效果。

為什麼呢？因為這樣做使你充分運用自己的理性，而非被困在當下的情緒中。當我們自覺受到不公平的對待，一種情緒反應就被觸發了。同樣地，當我們自覺錯待了別人，一種情緒反應就也被觸發了。說實話吧——跟任何人的任何互動都可能觸發一種情緒反應。而當我們感覺不愉快，我們就會想做點什麼來讓自己覺得好受一點。

需要覺得好受一點，這是「尋求了結」的基本理由。可是成功的「了結」需要超越當下的情緒反應，讓你能夠以直接解決問題的方式行事。讓相關的成年人能夠成熟地進行討論。雖然我很贊成我們應該要承認自己的感受、體會自己的感受、尊重自己的感受，但是我們根據這些感受而**做出的行動**也一樣重要。如果在體會自己的感受之外不運用理性思考，我們的行事方式就可能會沒有效果或是對自己和他人造成傷害。

當然，在尋求「了結」的過程中，情緒可能會湧上來，甚至是強烈的情緒。但是「本著意圖行事」能有助於確保情緒不會壓倒一切，使你忽略了你試圖達成的目標，從而對一段關係造成進一步的損害，並且在這個過程中使你甚至感覺更加無力。我們都知道行動會造成後果，而理性思考有助於保護我們免於承受意料之外的、不必要的後果。

檢視你的情緒

對於發生在你與對方之間的事，你若不是懷有很多情緒的話，你就也根本不會想要跟對方尋求「了結」了。花時間整理並認清這些情緒的具體內容，乃是「本著意圖行事」的一個重要面向。這不僅能幫助你看清事態，也能夠讓你做更好的準備來進行「了結」談話。

例如，如果你感覺到強烈的悲傷，你不會想要貿然採取行動。最好是意識到這些感受，檢視你的悲傷從何而來，找一個立場客觀的人談一談，並且對你的悲傷有一些客觀的理解。其他的感受可能也會湧上你心頭，包括憤怒、沮喪或恐懼。我鼓勵你去檢視所有這些感受，把它們攤在日光下，去了解它們，承擔它們。

在一次困難的對談中，許多情緒可能會被觸動。如果你沒有花時間來好好檢視你的感受，就可能會忽然發現自己被之前不曾承認和處理的情緒淹沒。這可能會導致對話沒有結論，因為你被情緒淹沒，無法處理眼前的問題。而且老實說，在被情緒淹沒的情況下，你可能會淪為受到對方操控或心理操縱，使你回到最初促使你想要得到「了結」的同一種互動中。同理，這也可能會影響你本身的行動，導致傷害對方以及你們這段關係的言語或行為。

要分辨出自己的感受，「正念」可以是個有用的技巧。花時間找個安靜的地方坐下來。做幾次深呼吸，使自己平靜下來。想像過去與對方的互動，這些互動讓你們走到現在這一步。當你想像這些互動，也做一下筆記。寫下浮現在你腦海的念頭，關於你自己、你們的關係，以及與此有關的任何感受。這有助於你辨別湧上心頭的感受。有些感受可能特別強烈，我鼓勵你仔細加以檢視，了解這些感受從何而來，在你尋求「了結」之前先講清楚。如果你覺得自己沒辦法從這個角度來處理「了結」，那麼展開有關「了結」的對話就可能不會有什麼好處，不管是對你、還是對你想要尋求「了結」的對方來說。

做清楚的溝通

要本著意圖行事，這個過程有兩個步驟。首先，你設法弄清楚自己的意圖，而不是立刻就對你的情緒做出反應，而在事後後悔。接著，等你弄清楚自己的內心，就設法把你的感受和想法有效地傳達給對方。如果你沒有花時間來深深看進自己內心，了解你尋求「了結」的意圖，你就無法把你的感受和想法好好地傳達給對方——你怎麼可能做得到呢？於是那番對話很容易就會脫軌。而你若是確實了解自己的意圖，就比較能夠向對方傳達為什麼你有這些感受和想法，能夠描述你想要尋求的是什麼樣的「了結」，以更容易使對方理解的方式來闡明你的意圖是什麼、不是什麼。

如同前文中所說，我們無法控制別人怎麼想、有什麼感受或行為。然而，當你本著意圖說話，對方就比較可能願意聆聽，而不會心存戒備，因為你是誠實地從「我」的角度來說話，表明你自己的感受，而非用聽起來更有指責意味的「你」開頭。本著意圖說話意味著說出心聲，帶著誠實、尊重與同情。這有助於避免使對方覺得自己受到不公平的攻擊或指責，從而損害一段關係。這也有助於你避免去要求某種你明知道對方無法給你，或不願意給你的東西，從而加深自己的痛苦。這給有關「了結」的對話奠定了有力的基礎。

以下是「本著意圖行事」發揮作用的一個例子。

貝絲和費南妲在一起好幾年了。費南妲成長於一個十分穩定的家庭，但貝絲的情況卻不同。貝絲繼續與家人保持密切聯繫，按月提供父母經濟支援，這影響了這對伴侶的財務狀況。雖然費南妲努力想要體諒，但是貝絲的家人占用了貝絲的許多收入和時間，包括貝絲經常在週末去探望她住在另一州的父母。費南妲覺得貝絲重視她的家人勝過她們倆的關係，覺得貝絲太過致力於解決她父母的問題，乃至於不再努力經營她們倆的關係。

費南妲曾經跟貝絲談過她的感受，兩人甚至做過幾次伴侶諮商，可是她沒有看出任何改變。費南妲感到難過，但也感到生氣。老實說，她主要是感到生氣。她看不出任何進展；事實上，貝絲花在她父母身上的時間愈來愈多，也開始協力照顧一個有藥物濫用問題的手足，這使得她更加專注於家族事務。費南妲試過要幫忙，嘗試在情感上給予支持，可是貝絲在她們之間築起了一堵牆，說「我自己可以處理」。

費南妲內心知道這個情況將不會改變，也知道她需要和貝絲進行重要的分手談話。可是當她開始構思要如何說出她希望貝絲聆聽並理解的話語，她通常就會又感到生氣。然後她開始覺得自己理應對貝絲大發脾氣，發洩出心中積壓的所有怒氣、她受傷的感覺、她的失望、她的恐懼，害怕自己未來的生活裡少了貝絲。這可能會在當下令她感覺很痛快，但肯定不會給予她們倆費南妲認為彼此都需要的「了結」，如果她們將要分道揚鑣的話。費南妲知道這樣做不會有什麼成效，只會造成更多的痛苦，而不會帶來「了結」。

費南妲花了點時間來弄清楚自己在尋求與貝絲達成「了結」這件事情上的意圖，讓她能夠跟貝絲談談她感到失望與生氣的原因，而不是只把怒氣發洩在貝絲身上。在思索的過程中，費南妲明白了她想讓貝絲知道貝絲對她有多麼重要，為什麼這段關係無法再繼續下去，她們如何能找到一條途徑來公平並且互相體諒地結束這段關係。費南妲很了解貝絲，知道她會聆聽一番理性的討論，如果她有機會回應並且說出自己的想法；可是如果費南妲想要發洩怒氣的話，貝絲就會走開。（再說一次，這是無法達成「了結」的。）費南妲心裡也明白自己想要聆聽貝絲說的話，想聽聽她的想法。

費南妲花了點時間來整理自己的感受，首先允許自己真正去感覺這些感受，包括她的憤怒。然後她從這些感受後退一步，用理智來思考她們這段關係的歷史——是什麼讓她們走到一起，她們共享過的美好時光——以及她本身的需求與期望。她確定了自己的首要意圖是用愛心與同情來對待貝絲。

當她最終主動提出和貝絲對話，她對貝絲說：「我很愛妳，可是我認為我們在這段關係中處於不同的位置。我尊重妳為妳的家人所做的事，但是我覺得我們的關係對妳來說不再重要了。我沒辦法繼續這樣生活下去。」

「我同意，」貝絲說。「我們處在不同的位置，而目前我的位置是跟我的家人在一起。我不指望妳理解，但是我希望妳能夠接受這是我現在需要做的事。」

貝絲和費南妲祝福彼此，也為了共享的美好時光感謝彼此。兩人對於要分手都感到難過，但是也感到安慰，知道她們的「了結」建立在關愛的善意上，能做到這一點是因為費南妲很清楚自己的意圖。

整理自己的情緒並且弄清楚自己的意圖，這不僅在戀愛關係中很重要，對於在任何情況中尋求「了結」時都很重要。這讓你嘗試互相諒解並且找到前進的路，而不是只把狂風暴雨般的情緒發洩在對方身上。弄清楚你的意圖——先是對自己，然後向對方表明——，這將能夠開啟通往「了結」的大門。

「意圖」與「決定離開」

「意圖」使我們準備好從有力的地位來行動，藉由幫助我們認清自己，從而也能清楚地與別人溝通。然而有時候，弄清楚自己的意圖可能會產生意想不到的後果：這可能會促使我們徹底停止尋求「了結」。

為什麼呢？在自我檢視的過程中，你可能會決定這對你來說不是最好的方向。也許你意識到自己的意圖並不像你所以為的那樣直截了當。你想要的不是「了結」——你只是想要對方知道你的感受，或是只想要報復對方，這只會導致對方有更多的不良行為（也可能導致你有更多的不良行為）。

你可能會看出對方很可能不會給予你「了結」，看出對方可能會讓你感覺更糟，否認自己造成了你的痛苦，試圖對你進行心理操縱，或是以其他方式造成你更多的痛苦。你又何必自討苦吃？

你可能會了解對方給你的「了結」永遠都只是暫時的，不值得你花時間和精力來一再重複這個循環。夠了。這條路你已經走過，知道它將通往何處。

你甚至可能決定你還沒有弄清楚自己為什麼想要得到「了結」。也許將來你會重新考慮這個決定，但目前你尚未妥善整理好自己的感受，還不足以去尋求「了結」。時機還不對。

花時間來確定你的意圖，這可能會促使你做出這些決定中的任何一種。有時候，有力的地位是不要去尋求「了結」。有時候，有力的地位是離開。

指引你釐清自己的意圖

如今你已經了解了「本著意圖行事」的力量，讓我們進一步來看看釐清自己意圖的這個過程。這些逐步指引將帶領你完成這個過程，在你想要得到「了結」的情況中確定自己的意圖。

第一步：想想過去

檢視這段關係或這個情況的歷史，找出是什麼讓你們走到今天這一步。在這個步驟裡要問你自己的問題包括：

- 我們最初是怎麼建立起關係的？我對此人的第一印象是什麼？我對他的初步直覺是什麼？
- 我在這段關係／這個情況中經歷了什麼？我喜歡哪些方面，不喜歡哪些方面？為什麼？
- 我在情感上和其他方面對這段關係有什麼貢獻？
- 對方有什麼貢獻？

第二步：檢視現在

確定導致你在目前情況下尋求「了結」的情緒痛苦或不滿。在這一個步驟，要問你自己的問題包括：

- 我們之間感覺不完整的是什麼？我想要解決的問題是什麼？
- 我能夠用直覺上感覺正確的方式來說明嗎？
- 我能夠用對方能理解的方式來說明嗎？

- 這份不完整是我在試圖尋求「了結」之前，需要自己先努力改善的嗎？

第三步：確定你對未來的希望

確定你希望尋求「了結」能對你或這段關係帶來什麼好處。在這一個步驟中，該問你自己的問題可能是：

- 我想從得到「了結」獲得什麼？
- 我希望對方了解什麼？
- 這會使我們的關係更穩固嗎？還是會使這段關係結束？
- 這讓我有什麼感覺？這真的是我想要的嗎？

第四步：評估可能的結果

現在你知道你想要的是什麼樣的「了結」，也知道是為什麼，該來想想實際達成的可能性有多大了。在這個階段該問的問題包括：

- 以我對此人的了解，如果我主動提出要進行這番有關「了結」的對話，他最可能會以哪幾種方式做出反應？
- 人們永遠可能令我們驚訝。對方可能會有哪些雖然不太可能、卻看似合理的反應？
- 我是否能夠接受每一種可能的反應？還是說某些反應會使我感覺更糟、甚至感覺更不完整？
- 不管對方如何反應，我是否認為我能夠繼續按照原本的意圖行事？在哪些情況下我最可能會被困在自己的情緒中，而做出自己事後將會後悔的事？

第五步：決定你的下一步

一旦你審視了你的意圖，清楚了解了自己與目前的情況，就該選擇要採取的行動了。在這個步驟中要問你自己的問題包括：

- 我是否想要繼續尋求「了結」？
- 我是否想要給這個情況多一點時間？
- 我是否想要離開，根本不要尋求「了結」？

你可以把這個過程視為「尋求了結之前的功課」。藉由這樣做，你將會幫助你完全了解自己的感受，並且運用你的理性思考，讓你能夠從把權力掌握在自己手中的有力地位，來決定未來的路。

練習：意向練習

回想昔日的一個情況或一段關係——工作、戀愛、友誼、家庭——是你當時想要得到「了結」、卻因為某種原因而沒能得到的。帶著紙筆（或電腦）找個安靜的地方坐下來。從「意向」出發，來思考這段關係。按照前文指引中那五個步驟來思考，以釐清你的意向，寫下你對每個步驟中那幾個問題的回答。

等你寫完，問問你自己，在昔日這個情況中，你是否完全準備好從「意向」出發來尋求「了結」。你的意圖在哪些地方可以更清楚？首先是就你自己而言，其次是就對方而言。你是否充分想清楚你想要的結果，而你想要的結果是否切合實際？你是否考慮透徹對方可能會有什麼反應？你是否能夠接受每一種可能的反應？最後，問問你自己，你學到了什麼，當你在未來的關係中想要尋求「了結」，你在哪些地方最需要用心？

做好準備，但不要排練

我一向強烈建議在做一番困難的談話之前，先做好萬全的準備，不管是在心理上還是情緒上。這不在於操縱談話的方向以操縱對方——事實上，正好相反。當你做好準備，本著明確的意圖去進行一番談話，你更可能以對彼此都有益的方式達成「了結」。

首先，考慮你自己是否準備好了。如果你做完了「尋求了結之前的功課」，好好檢視過你的內心，你就更能夠回答這個問題。如果你的情緒尚未平復，如果你不認為自己能夠談論「了結」而不至於崩潰或發怒，那麼你可能就還沒有準備好。

其次，考慮對方是否準備好了。以你對他們的了解，以及他們目前的生活狀況，你認為對方在情緒上與心理上是否適合和你做這番對話？對方是否正面臨生活的挑戰，可能使他們比較沒有意願跟你討論「了結」？對方是否對你們兩人之間發生的事仍舊耿耿於懷，乃至於甚至可能不想跟你說話，更別說進行一番可能會很困難而且情緒激動的討論？誠然，你可能無法知道對方是否準備好了，但這還是值得考慮，而你如果認為對方可能尚未準備好，就不妨先暫時放棄。

做好準備並不能保證成功，但是先考慮彼此是否準備就緒，這能夠使你更有可能成功。

然而，必須注意的是：做好準備並不意味著預先排練。當諮商當事人和我談起他們尋求「了結」的計畫，他們往往會述說是什麼讓他們走到這一步，為什麼他們認為「了結」很重要，他們想藉由「了結」對話達到什麼，以及他們認為實際上對這番談話能有什麼期望。到這裡為止，一切都很好。可是在這之後，有時候他們就會開始描述對方可能會說什麼，他們會如何回應，接下來對方又會再說什麼……等等。這就是我所謂的「排練對話」。

當你排練你計畫要進行的一番對話，你就注定要失敗。怎麼說呢？你是在這番對話的周圍設下路障，試圖迫使對話按照你的計畫進行，當事實上我們無法迫使任何事按照計畫進行，尤其是別人的行為。你並非懷著開放的心態展開對話，而是想按照一個腳本來進行。當你們進行交談，你會等著聽見將引發你下一個反應的關鍵詞，而不是聆聽對方實際上說了什麼。對方則可能覺得自己沒有被聆聽，於是不想再交談，或是想要維護自己或跟你爭論。除了在劇院，排練對話通常都不會有什麼好處，即使你自認為夠了解對方，足以預測他們的反應，或是即使你自認為會有足夠的說服力，使得對方別無選擇，只能做出你預期他們會做出的反應。

比較好的做法是弄清楚你的意圖，但同時採用所謂的初學者心態。初學者心態一詞原本來自日本禪學。背後的概念是當你知道（或自認為知道）的愈多，你就愈沒有意願再去學習更多——可是如果你把自己視為初學者，即使是在你擁有許多經驗的生活領域，你就會更願意接受往往出人意料的新知識。

現在，把「初學者心態」的概念應用在「尋求了結」上。如果你過度排練一番對話，乃至於你在展開對話時已經「知道」對話將會如何結束，你就拒絕了給對方機會來令你驚訝。而你若是誠實而且本著意圖說話，並且保持開放的心態——「初學者心態」，你就可能對自己或對方有一些意想不到的新認識。

本章結語：本著意圖行事就是力量

花時間弄清楚你的意圖能替「達成了結」奠定堅實的基礎。當我們明白自己的意圖，也了解我們溝通的對象，我們就替有效溝通打開了大門。當我們的意圖不明確，我們就替否認、自衛心態和誤解打開了大門。要達成有效、有益、令人滿意的「了結」，本著意圖行事乃是關鍵。本著意圖行事就是力量。

CHAPTER

9 進行（或不進行）對話

「好，那我該如何進行達成了結的對話呢？」

這是當事人經常問我的問題。說得含蓄一點，進行有關「了結」的對話可能會令人不太自在。當事人對我說他們會發現自己舌頭打結、結結巴巴、不確定該如何說出他們想說的話。強烈的情緒難免會湧上心頭，使得要進行對話更加困難。而且前文中已經提過，我們無法預測對方會有什麼反應。

但這並不表示這件事不可能做到。人們能夠進行有關「了結」的對話，也的確進行過，而這些對話可能意義深遠。在第八章，我們討論了該如何替這樣一番對話做準備，藉由檢視你的情緒並且設定你的意圖，替一番誠實而有益的交談奠定基礎。在本章，我們將探討進行這番交談的最佳做法——如何說出你需要說出的話、聆聽對方想說的話，以達成「了結」。我們也會探討當我們無法進行「了結」對話時（不論原因為何），我們該怎麼做。

發出邀請

切記，發起一次可能很困難而且充滿情緒的對話，最糟的方式就是去「突襲」對方，出其不意地直接進入對話。因此，事先發出邀請、讓對方有所準備，這不僅很重要，也表現出你的體貼，讓對方知道你想要討論什麼、為什麼想要討論，也可以選擇拒絕任何進一步的討論。

一般而言，當你請求和某人碰面討論「了結」，對方在你表明目的之前就會知道你想要談什麼。對方可能在等你開口，並且想要做這番對話。對方也可能害怕做這番對話。而且沒錯，對方也有可能完全不知道你想要跟他們談什麼。

當你邀請對方和你對話，要真的採用邀請的方式。要求對話會導致防衛心態，使對方更可能拒絕，而乞求對話則使你顯得無力。因此，向對方提出一個簡單的請求，像是：「我想和你坐下來談一談我們的關係。你願意嗎？」

同樣地，對方很可能不會對你這個請求感到驚訝。別人跟你有尚未解決的事情時，他們自己通常也知道——但未必總是如此！如果對方問你想要談什麼，你可以這樣回答：「我認為坐下來談一談對你我來說都會有好處。我有些話想對你說，也想聽聽你想對我說的話。你願意跟我碰面嗎？我認為得到了結對我們雙方都會有好處。」

在理想的情況下，你會得到肯定的答覆，哪怕對方有點猶豫。這個肯定的答覆可能包含了一個但書：「好，但是我沒興趣跟你爭吵」，或是「好，但是我希望你沒有期望我道歉」，或是「好，但是我不會承認自己有錯」，或是「好，但是我們不會復合」。

如果對方的答覆是「也許」，你可能需要在日後重新提出請求，先給對方一點時間去思考自己想不想跟你交談。

你也可能會得到更直接的回答：「不」。如果對方說「不」，你就要加以尊重，並且接受你可能不會得到「了結」，至少不是以你所希望的方式得到。（針對如何在得不到「了結」的情況下向前邁進，我將會在第四部分做更多的討論。）

如果對方接受你的邀請來談談「了結」，你將需要選擇碰面的時間和地點。（我認為這些對話幾乎最好都是當面進行，但是我在本章後文中也會討論其他選項。）你在請求對方碰面之前可能已經想好了時間和地點，或是你們也可以一起找出彼此都感到自在的時間和地點。

至於時機，不要出其不意地要對方跟你做這番討論，也不要在明知道對方並非處於最佳狀態時請求碰面，例如在漫長的工作天結束時或是在假日前後的週末。安排一個雙方都方便的時間。如果對方覺得自己能參與決定碰面的時間，就更可能願意和你對話。誰都不喜歡被麻煩、被使喚或是收到最後通牒。

也要考慮碰面的地點。這可能會是一番情緒化的討論，因此我鼓勵你選擇一個適當的地點，能夠讓你們自在地表達感受，也能夠坦率地說話而不被別人聽到。這表示一間擁擠的咖啡館可能不是個好地點，一間熱鬧吵雜的餐廳也一樣。你可能會想在你的住處或對方的住處碰面，如果你能有自己的空間，周圍沒有其他人，但是在彼此的家裡你們可能會感到不自在，尤其是當那會勾起許多回憶。我建議找個中立地帶，一個沒有承載太多記憶的地方，讓你們雙方都感到自在，不會覺得被逼到牆角、受到壓制、想要自我防衛。視天氣而定，我很贊成在公園裡碰面，或是一起散散步。

進行對話

在盤點了自己的情緒、弄清楚自己的意圖之後，如果你決定向前邁進尋求「了結」，接下來那個重要時刻就來臨了：進行對話。這時候你可能會問：為什麼要做這麼多準備？我希望這個問題的答案很清楚。我一向鼓勵大家從有力量、能把權力掌握在自己手中、自我覺察與同情的立場出發，來進行任何困難的對話。而這需要準備。下面將一步一步地指引你進行「了結」對話，希望能幫助你做好準備。

我在這裡將會先列出進行「了結」對話的步驟，然後再逐一詳述。這些步驟並不能保證這番對話會以某種方式進行——切記，過度排練一番對話通常會使得對話比較**不成功**，而不是比較成功——但這些步驟應該能提供一個詳細的架構，來幫助你想清楚你想說的話，並且本著意圖真誠地說出來。

1. 說明你的意圖。
2. 請求對方聆聽。
3. 用「我」開頭的陳述來說明你的立場。
4. 詢問對方是否理解。
5. 聆聽對方想說的話。
6. 尋找向前邁進的方式。

第一步：說明你的意圖

關於「本著意圖行事」的重要，我已經寫了很多。如果你已經完成第八章裡的步驟，但願你已經向自己釐清了你的意圖。向對方大聲說出你的意圖，是展開對話的好方法。

我建議用概括的說法展開對話：「我想談談我們之間發生的事。我想談談這段時間以來我的情況，也想聽聽你怎麼說。」

接著扼要說明你的意圖。例子包括：

- 「我們曾經有過一段關係，而現在沒有了。我不了解我們之間發生了什麼事，而我想跟你談一談。我感到難過和生氣。我想從我的觀點來跟你談談所發生的事，也想聽聽你的觀點。」
- 「我原本喜歡跟你共事，也認為你是個可以信賴的人。你寄出的那封電子郵件損害了我的名聲。我想要談談我的感受，想知道你是怎麼回事，也想要看看我們能否找到向前邁進的方法。」
- 「我們是家人。我知道我在感恩節晚餐時說的話讓你不高興。我想要消除我們之間的誤會。我希望你知道我為什麼那麼說，也希望你知道在那之後我有什麼感受。我想知道我能做些什麼來彌補我們關係中的裂痕。」

請注意，在這些例子中，說話者（尋求「了結」的那個人）試圖清楚說明自己為什麼想要進行這番對話。他們掌握自己的想法和感受，說明了自己的期望，首先闡明自己的觀點，再聆聽對方的觀點。請注意：如果你的意圖是要對方聆聽你的看法，卻不想聆聽對方的看法，同時你直接或間接地表明了這一點，那麼這番對話可能在開始之前就結束了。

第二步：請求對方聆聽

一旦說明了你的意圖，就請求對方聆聽。這是你們對話中重要的下一步。此處的關鍵詞是**請求**——不是要求，也不是乞求。只要重申你的意圖乃是進行一番對話並且請對方聽聽你要說的話。例如：「我請求你敞開心胸來聆聽。我也會以同樣的態度來聽你說話。我們可以談一談嗎？」對方可能會表示願意，也可能不會。或是他們可能會問你能否把這番對話延後。要有耐心！

第三步：用「我」開頭的陳述來說明你的立場

接下來是令人害怕的那個部分，當你用自己的話來說明你對於你們之間發生的事有什麼看法，說明這件事對你造成了什麼影響，以及你需要什麼才能感覺到「了結」。沒錯，這表示你要誠實面對你經歷過並且繼續經歷到的感受。沒錯，這是個脆弱的處境——你冒的風險是對方可能不願意聆聽或不願意試圖理解。

首先我想要強調，使用「我」開頭的陳述十分重要。「我看出……」，「我認為……」，「我覺得……」。當你使用「我」這個字，你就承認了你的感受，並且邀請對方不懷戒心地來聆聽。另一方面，用「你」開頭的陳述暗示著你將展開批評和指責，這難免會導致對方築起壁壘。無論你如何嘗試表達你的立場，你尋求「了結」的對象可能會變得懷有戒心；而以「我」開頭的陳述更可能使對方敞開胸懷來聆聽。

此外，你很可能相當了解對方，因此在這番對話中用上一點情緒智商可能對你大有助益，使你採用的說話方式能讓對方真正聽見你在說什麼。審慎選擇你的措辭，並且留意你的面部表情和聲調。盡量不要做出你知道可能會引發負面反應的言行。

當你陳述你對於發生在你們兩人之間的事情有什麼看法，要以實據為基礎。使用具體的觀察和實例，針對對方在你們的關係中所表現出的行動或行為，以及對方的行為帶給你的感受。實例（亦即證據）一向要比籠統的敘述容易理解，而且後者更容易被解讀為指責。下面是幾個簡短的例子。

● 「我原本以為我們相處得很好，在一起有過十分美好的時光。我以為我們學到很多關於彼此的事，尤其是如何當一對伴侶。在你搬進來之後，我覺得我們漸漸疏遠了。我不覺得你還想要聆聽我想說的話，也不覺得你想花時間陪我。你一直工作到晚上，你跟你的家人做的計畫不再把我包括在內。我感覺不再被愛，我感到震驚。」

● 「我們一起進行的專案似乎進展順利。我們達成了每月的目標，也從管理階層那裡得到不錯的回饋意見。我曾試圖坦白告訴你在哪些地方我們需要額外的資源，而我以為你也同意我的看法。因此，當你廣發備忘錄，指責我沒有達成專案中的一個里程碑，我實在很震驚。我受到主管的惡言責備。我深深感到失望，覺得自己被當成了代罪羔羊。」

● 「我在感恩節晚餐之前稍微喝多了，這我承認。而我沒有隱瞞我對你的婚姻破裂有什麼看法，沒有隱瞞我希望你們兩個能夠更努力地挽回你們的婚姻。當然，我知道那是你的婚姻關係，不是我的，而你做出那樣的決定有你自己的理由。可是當我說起餐桌上那個空位，說你明年可能會試圖用誰來填補這個空位，那時候我沒醉，足以知道自己太過分了。我能從你的表情看出來。」

當你讀到這幾個範例，你可能會注意到說話者是從「我」的角度來說，而沒有用帶有指責和批判之意的「你」。雖然關於別人的事我們無法做任何假定，但是我們希望聆聽者至少能夠傾聽並理解到目前為止的對話內容。要能夠這樣清楚地表明你的立場，這需要準備。如果這些情境中的說話者沒有先花時間整理自己的想法和感受，再搭配具體的例子，這些陳述可能就只是發洩情緒——吼叫、哭泣、指責以及自我防衛，而不會有任何結果。

順帶一提，如果對方試圖打斷你，想要爭辯某一點或是替自己辯護，那麼我建議你請求對方先聽完你想說的話，再提醒對方你也會聆聽他們說話。如果你清楚看出對方真的無法聆聽，就結束這番談話，替自己省去更多的心痛和挫折。

第四步：詢問對方是否理解

等你表明了自己的立場並且闡明了你的想法與感受，就詢問對方是否理解你想要傳達的意思。你可以很簡單地問「你明白我說的話嗎？」或是「你覺得我說的有道理嗎？」做好心理準備，對方可能會做一些自我防衛——或是做很多自我防衛。誰都不喜歡聽到別人說他們不夠完美。如果遇到對方抗拒，你可以加上一句：「我不是要你同意我的看法。我只是請你理解。」

在一個完美的世界上，你會得到一些保證，保證對方至少理解你說的話，即使他們並不同意或是覺得有必要替自己辯護。你也可能會發現對方無法再繼續這番談話。他們可能會同意日後再重拾這番對話，也可能不會。

第五步：聆聽對方想說的話

表示自己既是說話者也願意當個聆聽者，這在任何對話中都不可或缺。對方聆聽了你說話，現在輪到你來聆聽。因此，你可以做個提議：「我想聽聽你的想法，聽聽你對於我所說的話有什麼感受。」請注意，我沒有說「我想聽聽你那一方的看法」。說出「你那一方」和「我這一方」可能會暗示出這是一場戰爭，而你們當中只有一方有理。邀請對方表達他們的想法，這暗示出你想要和對方一起努力。

如果對方願意表達自己的觀點，那麼你就藉由聆聽來表示尊重。你可能需要在自己身上下點功夫，也許做幾次深呼吸來使自己冷靜下來，來幫助你敞開心胸聆聽，不要插嘴爭論或是用其他方式來自我防衛。但願對方也是懷著真誠的意圖來進行這番對話。然而，如果對方有不理性的行為或開口辱罵，或是你發現自己遭遇到更多起初導致你尋求「了結」的行為，那麼你可能就必須決定結束這番對話（也可能必須接受你不可能得到自己所希望的「了結」）。

第六步：尋找向前邁進的方式

你需要的「了結」，可能只是想說出你對於發生在你們兩人之間的事有什麼看法與感受。當然，這通常並不簡單。你說了你需要對方知道的事，或許對方也描述了自己的反應，再加上他們本身的想法與感受，而你們解開了那些揮之不去的疑問，解決了沒解決的疙瘩——達成了「了結」。然而，一個問題很可能還懸在半空中：「那麼，接下來呢？」或者問得更直接一點：「你想要我怎麼做？」

「了結」可能會關上一扇門，結束一段關係；也可能會打開一扇門，通往一條前進的道路。接下來的交談有可能就只是決定要分道揚鑣；或是，既然積怨已經消除，接下來也許可以談談一起努力向前邁進，做出協議與承諾。

無論是前者或後者，都必須把話說清楚，如同下面這幾個例子：

- 「在我們之間發生了那些事之後，我不認為我們之間還存在著關係，至少這段關係不適合我，因此我無法再繼續下去。我想要你知道原因何在，也希望你能夠理解。」
- 「我聽了你說的話，關於你為什麼那樣做；但是我們還得繼續一起工作。我們能否談談將來該怎麼繼續合作？」
- 「我們是家人，這一點永遠不會改變。可是我知道我傷害了你，惹你生氣。你願意原諒我嗎？」

你尋求「了結」的意圖可能是維持你們的關係，以在情緒上更健康或有益的方式繼續這段關係，建立在一份協議上，關於你們雙方或其中一方將如何做出改變。如果是這樣，就需要來來回回地討論。交談、聆聽、互相理解。如果你誠實而具體地說明自己尋求「了結」的理由，也明白你想要什麼，你們就更可能找到共同點。「了結」可以打開一扇門，讓你們更努力、更用心地去經營你們的關係。

我知道這不容易，如果你承受著情緒痛苦；就對方而言，這可能也不容易。他們有可能需要花點時間來消化並且思考你所說的話，也可能會感到驚訝、生氣、受傷或其他需要時間來處理的感受。如果是這樣，你可以提議日後再重拾這番對話，等到對方準備好交談的時候。然而，同時也要避免陷入「重複尋求了結」的陷阱，把「尋求了結」當成一個辦法，用來維持一段基本上仰賴維生系統的關係，當你其實應該要拔掉插頭。

話雖如此，說出你對於所發生的事有什麼看法與感受，也許就是你需要的全部「了結」，不管對方有什麼反應。有時候我們只是需要宣洩，而在宣洩的過程中，我們也意識到自己需要做的就只是宣洩。如果是這樣，你說了你需要說出來的話，然後結束這番對話，繼續過你的生活。

不要把「了結」當成武器來使用

在離開「達成了結的對話」這個主題之前，我必須請你思考一下，你是否可能有意或無意地把「了結」當成對付某人的武器來使用。

堅持要針對「了結」進行對話，這在一開始可能會讓人覺得把權力掌握在自己手中。你大吼大叫地衝進來，要求對方道歉、承認你有理、理解你；問題在於對方可能不這麼想。因此，強迫進行這番對話可能導致你面對一堵自我防衛、否認、固執己見的高牆。你可能會發現自己又重新進行相同的對話，提出相同的要求，然後繼續空手而回。那種權力掌握在自己手中的感覺隨著時間而消磨殆盡，當你開始覺得自己乃是對著一間回音室大喊大叫，聽見老調重彈的論點在你耳邊迴響。也要記住，對方可能會覺得受到欺負、甚至是受到虐待。你想要證明自己有理，這可能會造成對方在情感上深受傷害、覺得無力。

如果你發現自己試圖把「達成了結的對話」用來證明你是對的，或是用來讓對方不好受，那你可能需要從頭來過，再次檢視你的意圖是否建立在不理性的錯誤思考上。「離開」可能才是善用你時間的做法。可是要記得，如果你給某人造成了情感上的痛苦，你可能也需要請求對方原諒，來幫助你們雙方和解。

反之，如果是別人請求你來給予他們「了結」呢？哇，你感覺到一股力量上湧！你終於有了掌控權。你要如何運用這個權力？你會決定讓對方自己去面對他們的感受嗎？考慮一下你的動機。也許這是一扇你不想再打開的門；也許你了解對方，懷疑這可能是對方又一次試圖要操控你或嚇唬你；也許你會想給某個你認為傷害過你的人一點懲罰，你不認為對方配得到「了結」。還是說你會聽他們把話說完，考慮他們的觀點，就你能力所及給予對方「了結」，或許也一併給自己一些「了結」？你可能會決定對方尋求「了結」的那件事是你不想再提起的，因為那件事可能在情感上對你造成傷害。這一切都由你來決定。

要避免在任何情境中把「了結」當成武器來使用，方法就在於本著同情心來行事。聆聽你的直覺，保護你自己的情感免於受到損害。選擇一個路線，能最有益於你與對方未來的關係或提供能給彼此帶來療癒的結局。

非言語溝通，沒說出口的「了結」

以我的經驗，無論是在我自己的生活中還是諮商當事人的生活中，有許多可能的理由使我們沒有坐下來跟某人談論「了結」。你可能會認同其中某些理由。也許對方平常就喜歡爭論、防衛心強，甚至有辱罵傾向，而你不想再自討苦吃。另一方面，你可能也擔心進行有關「了結」的討論可能會傷害他們。你可能感受到情緒上的巨大痛苦，使你甚至無法想像用言語來表達你的感受，也擔心自己會在某人面前崩潰，而你不想在此人面前崩潰。或是對方可能會直截了當地拒絕跟你談話。

但是，並非所有的溝通都靠語言，也並非所有的「了結」都透過對話而達成。在本章的後半，我們將會討論「沒說出口的了結」——在雙方不可能坐下來對話（不管是出自什麼原因）的時候尋求了結。

當人們談起非言語形式的「尋求了結」，我經常聽到批判性的話語。「真是個懦夫！」「真是厲害的被動攻擊！」「那真是冷酷！」有時候，這些批判並非不合理。一如企圖得到「了結」的任何嘗試，非言語形式的「尋求了結」可能會留下更多痛苦和沮喪。

但我也得說：身而為人，我們都有自己的局限。我們全都盡力做到最好，即使我們所做的遠遠及不上任何人概念中的「最好」。我們全都在這個世界上試圖理解人生。因此，有時候非言語溝通是我們唯一能做的。當然，「沒說出口的了結」可能效果不佳，留下沒能解決問題的痛苦與沮喪。然而，以深刻的方式來表達你的意圖，超越你無法用言語表達的限制，這也能具有療癒的作用。

「沒說出口的了結」可以有許多種形式。當我們檢視其中幾種，我想你將會想起自己生活中沒有用到言語而達成「了結」的例子。

微笑，皺眉

一個表情就能表達一切。有時候要感覺到「了結」，你就只需要對方的一個表情。另一些時候，你能得到的也就只有這麼多。

你也許曾經和某人度過一段困難的時光。那種痛苦可能太大，讓你或對方都無法談起。你不想重拾那段過去，不想喚起回憶與情感。你也可能聽對方說了他們想說的話，卻無言以對。你也可能對於談論某件事感到疲累不堪。

笑一笑如何呢？微笑把我們和別人連結起來。一個微笑所說的是：「我們沒事。」「我了解你。」「我原諒你。」一個真誠的微笑能夠療癒傷口。可是要記住，微笑也可能是悲傷的。微笑可以表示我們努力過了，但現在必須分道揚鑣。我們的「了結」是同意彼此意見不同，然後向前邁進。這段關係曾經有過美好的時刻，而你將永遠珍惜對於此人的某些回憶。一個悲傷的微笑，能夠以言語無法表達的方式傳達出這一點。

其他的面部表情可能會造成十分不同的影響，皺眉頭或是生氣的表情可能導致溝通結束。這可能使沒有成功的「了結」嘗試雪上加霜，在另一方面則可能造成「了結」雖然成功、卻讓一方或雙方留下不好的感覺。皺眉頭的意思可能是：「是的，我們之間結束了，沒有你我會過得更好。」它可以表達出這個訊息，並且把進一步的嘗試拒於門外。面無表情也會產生相同的效果。

擁抱，輕拍

在心理健康領域，我們經常談到肢體接觸的重要。擁抱、輕拍肩膀以及握手都能夠傳達出許多訊息。

想一想上一次你擁抱某個人的時候，那對你傳達出什麼訊息？「我在乎你。」「我珍視你。」「我了解。」「我希望你原諒我。」擁抱某個人可以使對方放心，在你們談過一番話之後讓對方知道你們之間沒有芥蒂。擁抱也可以是道別的一種方式，不論是暫別或永別。

輕拍對方也能發揮同樣的效果。輕拍某人的手或肩膀，就跟擁抱對方一樣，能夠使對方感到放心。你可以在經過時輕拍某個人，這個小舉動能夠對你們雙方都具有深長的意義。視你和對方的關係而定，當擁抱可能不太恰當或令人不太自在，你可以輕拍對方。

你是否曾經處於一個跟「了結」有關的情況，而你們實在沒有別的話可說？也許你們走進了死胡同，雙方都沒有得到自己所希望得到的「了結」，你們無法互相理解，或是意見不一致；但是你們也不想讓彼此的關係就這樣結束。如果是這樣，你可能會發現，擁抱對方或是輕拍對方的肩膀能夠給予彼此「了結」，而言語無法達成這個任務。

當然，用肢體接觸來傳達訊息的另一面是動手打人，或是用別種方式造成身體傷害。試圖用甩對方一巴掌或揍對方鼻子一拳來尋求「了結」，這種例子不勝枚舉。如果你不曾在生活中遭遇過（但願你不曾遭遇過），你很可能在電影裡看過。在充滿憤怒的文化中，人們太常試圖透過傷害別人的身體以及可能附帶的羞辱來尋求「了結」。在當下那可能感覺很痛快，但那不是尋求「了結」的健康方式，而且長遠來看，其結果很少會令任何一方滿意。

用書面形式表達

雖然很多人都放棄了寫信的藝術，但我們似乎改用電子郵件和簡訊來取代。這些年來，我的許多諮商當事人會用簡訊來結束一段關係，包括討論結束關係的原因與過程，是我通常會認為該在有關「了結」的對話中當面進行的。他們若不是迴避當面談話，就是覺得不需要當面談。對他們來說，發個簡訊就夠了。我也見過他們以同樣的方式使用電子郵件。有時候，「了結」乃是透過許多一來一往的電子郵件而發生，另一些時候則是用單單一封語義明確（或是不那麼明確）的電子郵件。

我個人認為電子通訊並不能取代雙方碰面即時把話說清楚。在每次回覆之間會有時間上的延遲，尤其是電子郵件，雖然也有人可能會等個一、兩天才回覆一則簡訊。有些人比其他人更擅長書寫，更擅長表達自己的想法與感受。缺少了講話的聲調和面部表情可能會導致對方做出錯誤的假設，可能會在無意間把對話導向一個可能有害的方向。

然而，我也理解雙方不見得都能當面對談。因此，如果你試圖透過電子郵件來得到「了結」，我建議你簡明扼要地敘述你的意圖、你的遭遇和你的感受。書面文字可以發揮很大的力量。藉由閱讀和重新閱讀，對方可能會理解他們在對話中無法理解的事。如果人們防衛心強並且急於計畫反擊，他們不見得會聆聽。當他們閱讀一則訊息，他們有時間去消化並且處理自己的反應。因此，從這個角度來看，發簡訊或是傳送電子郵件也有其好處。

不過，要準備好面對任何情況。基於前文中提到的原因，你可能會收到完全出乎你意料的回覆，使你試圖換個方式來做這番討論或是彌補損害。說不定你原本希望得到的「了結」就比較不可能達成。此外，根據我使用簡訊和電子郵件的經驗，每個人都想做最終的發言，即使是善意的話語也一樣。結果，你想得到「了結」的嘗試可能反而引發了一連串的你來我往，可能也包括氣話。這可能給你的生活帶來更多不愉快，和你原本的希望正好相反。

此外，在現實世界中你不可能封鎖某個人，但在虛擬世界中卻可以封鎖某人的號碼或帳號。如果對方選擇封鎖你，那麼你自覺被誤解、被傷害、不被尊重……的種種感受可能會更加強烈。而且你將沒有機會重拾對話，你可能會覺得比之前更不好受。

還有一點：簡訊和電子郵件是永久紀錄，能被轉發給別人，於是你們的事可能會以你所不希望的方式被公開，而你的話語可能會給你帶來麻煩。

老派的信件也能發揮效果。一如電子通訊，在一封信裡整理你的思緒，能幫助你釐清自己的感受，首先讓自己明白，然後再讓對方明白。你可能會收到回信，也可能不會。我個人認為，一封信的最佳用途是用來結束溝通，當你想要達成的「了結」就只在終於表明你的感受，說明你想要什麼、不想要什麼；很可能你和對方不會來來回回地給彼此寫信，雖然如果這是你的意圖，那麼一封信也許很適合達到這個目的。一如電子通訊，信件（以及拍成照片的信件）可以在朋友之間傳閱，因此要確定你能接受這種可能性。

歸還財物

我們會把回憶附加在自己擁有的物品上。我肯定會。如果你在家裡環顧一下，就可能會看見別人給你的許多東西，對方是對你來說重要的人，或曾經是對你來說重要的人。如果你跟對方鬧翻了，你會想要因為看見這些禮物而想起對方嗎？你也許會把禮物留著，如果它對你來說具有價值，即使這段關係對你來說不再有價值。或是由於你們鬧翻了，或者對方去世了，它可能會使你悲傷地想起某個你失去的人。如果對方令你非常生氣、受傷或失望，而你想要表明自己的立場，你也可能會考慮把禮物歸還給對方。

讓我來說個故事給你聽。我的朋友凱莎終於向自己承認，她的老朋友娜丁是個自戀的人。娜丁經常打電話給凱莎，談論她自己的問題、她自己的人際關係、她自己的小孩，卻沒有提供任何支持做為回報。有時候這些談話會持續好幾個小時，凱莎終於決定她受夠了。她打電話給娜丁，說她沒辦法再跟娜丁保持聯繫了。而娜丁就只是掛斷了電話。她沒有道歉，沒有要求凱莎解釋，沒有試圖恢復這段友誼。就只有沉默。

幾天之後，凱莎收到一個郵寄來的大紙箱。她看見這個包裹來自娜丁，出於好奇，也看在昔日友情的份上，她很想看看裡面是什麼。當她打開包裹，她看見娜丁寄回了這些年來凱莎送給她的大部分生日禮物。沒有附上紙條，沒有解釋。不過，也不需要解釋了。凱莎藉由說明她何以無法再跟娜丁聯繫而尋求「了結」，娜丁則藉由寄回一箱從前的生日禮物來尋求「了結」，由收件者付費。娜丁可能感覺到短暫的報復衝動，而非真正的「了結」，而凱莎雖然感到失望，娜丁的這個行動卻的確替她解決了心裡的疙瘩。她明白娜丁脆弱的自我受到了傷害，也明白自己和對方斷絕聯絡乃是正確的選擇。

比起雙方坐下來對話，我會更推薦這種得到「了結」的做法嗎？這倒不是。但是我也理解有時候一扇門需要被關上，而我們會竭盡所能地關上它。

沉默

在我的諮商工作中，當事人經常跟我談到他們試圖藉由冷戰來尋求「了結」。「我要讓我的伴侶知道他不能再這樣對待我了，我會好幾天不跟他說話。」「在她對我做出那種事之後，我決定再也不跟她說話。我斷絕了所有的溝通。」「我猜想他不願意再見到我了，他突然搞失蹤了。」

前文中已經說過，有關「了結」的對話往往並不容易。當我們找不到合適的話語，沉默乃是人之常情。沉默背後的原因是什麼呢？你可能太過生氣或太過傷心，乃至於無法用言語來表達；你可能害怕對方無法理解或不願理解；你的情緒可能過於高漲，而你想要避免自己可能會崩潰。然而，沉默經常是懲罰對方的一種方式，你在自己的生活中可能也經歷過。

「沉默是金」這句話不總是正確，斷絕溝通留下了一種未完成的感覺。由於缺少資訊，大腦就會替我們編出一個故事，通常是想像出最糟的情況。在你沉默時，你大腦的回音室可能會重塑出造成你沉默以對的那個情況。記憶可能會變得模糊，從而被重新想像。事實可能會改變，你沉默的理由可能會變換和改變。你可能發現自己在重播過去的事件，或是在排練你與對方的對話。

這並不是說在你們碰面把事情談開之前先休息一下、給彼此一點空間沒有好處。然而，沉默的時間愈長，你就愈不可能在對方身上得到你需要的「了結」。於是你錯過了機會——個人成長與療癒的機會，結束一個篇章以使你能夠展開新篇章的機會，或是修補一段關係好讓你能夠向前邁進的機會。

話雖如此，如同俗話所說，對付校園惡霸最好的方法就是走開。有時候，沉默是你最好的選擇，或是唯一的選擇。如果你無法以對你有益而且不會造成進一步傷害的方式得到了結，就是該走開的時候了。

善意的舉動

當你所愛的人去世，在這種情況下，你絕對無法藉由對話來得到「了結」。可是這並不表示你不可能得到「了結」。我經常和諮商當事人談到藉由行善來紀念已逝親人的遺緒。也許你自己也做過這番對話。你可以用許多方式來緬懷某個人。你可以捐款給已逝親人所看重的慈善機構，或是使他們所屬社群受益的慈善機構；你可以創立一個活動或設立一個獎學金來紀念他們；你也可以就只是決定待人更加和善，效法你從已逝親人身上所感受到的善心。這是另一種對你有幫助的方式，幫助你在處理悲傷時得到一些「了結」，幫助你理解這份失去。

善意的舉動也能在其他情況下提供「了結」。你可能對自己做過的某件事感到內疚與羞愧，也許你無法從你所傷害的人那裡得到原諒，而你覺得自己仍然需要採取某種正面的行動來達成「了結」。或是你可能沒有直接傷害某個人，但是你仍舊對自己的某個行動感到抱歉。在工作上或社區裡，也許有某個人曾經以某種方式感動了你，使你對此人懷有美好的回憶，而你當時沒有能夠好好向他致謝。做一件善舉，把愛心傳出去，這有助於提供深刻而有意義的「了結」，甚至可能替人際連結與自我表達開啟另一扇門，展開你未曾料到的新篇章。

練習：達成「了結」的對話

想一想你目前生活中的一個情況，該情況提供了你與另一個人得到「了結」的機會。複習「進行對話」那一節中的所有步驟，寫下你在每個步驟可能會向對方說的話。（請記住，這個練習的目的在於規劃你打算要說的話，而不是排練你期望或希望發生的事。）現在花點時間，來整理你在逐步完成這些步驟時心中湧起的感受。問問你自己：

- 我是否明白自己的意圖，使我能夠表明這些意圖，並且心安理得地覺得我說的乃是由衷之言？
- 我有多大的信心，相信對方將會做出我希望他們做出的回應？
- 我是否發現有哪個步驟可能會使得對方或我自己格外感到不自在？我能做些什麼或說些什麼來幫助彼此都感覺更自在、更坦誠？
- 我有多大的信心，相信我能夠坦然接受對方想說的話，相信我能夠聆聽而不試圖強迫對方以我希望他們回應的方式來回應？

- 既然我已經花時間把我想說的話想得更明確，我是否準備好要進行這番對話？我仍然覺得這番對話將有所助益嗎？還是該轉身走開放棄「了結」？

本章結語：你辦得到的！

我們很難去要求自己想要和需要的東西。這意味著敞開自己的內心，在對方面前表現出脆弱，袒露自己，要求對方聆聽，並且希望被理解。這可能很艱難。

讓對方知道你有什麼感受、為什麼有這些感受，承認自己的想法與感受……如果你想一想這些事能帶來的好處，也許有助於你克服任何猶豫。藉由表達自己，你不再把所有的事都憋在心裡。你終於把心裡話都說出來了，這能夠讓你覺得權力掌握在自己手中。

當然，你可能得不到你想要的「了結」，可能不會被理解，可能覺得你是在對著一堵牆說話，可能會遭遇更多導致你尋求「了結」的事又回到你身上。

可是要有勇氣！勇氣意味著什麼呢？意味著具有同情心，同時也誠實並且直接。說出你需要說出的話，聆聽你可能不想聽的真相。如果能夠找到，就願意去尋找彼此的共同點；如果因為對方不願意和你一起尋找而無法找到共同點，你也要接受。勇氣也意味著在該離開的時候接受現實，這一點我們將在第四部分做進一步的討論。

CHAPTER

10 評估

在嘗試達到「了結」之後，你會有一個疑問：成果如何呢？在第八章我們討論過替達成「了結」的對話做準備，在第九章討論過對話的進行，現在該來評估這番對話的成果了。

你是否得到了自認為想要而且需要的「了結」？是否以你預料之外的方式得到了「了結」？還是說你想得到「了結」的努力失敗了？

在回答之前，請先退後一步，回顧一下那番談話，就像回顧一卷錄影帶：你說了什麼？對方說了什麼？最後如何結束？如果那番談話令你十分痛苦，使你根本不願再去回想，就請使用一些正念的技巧。做幾次使人冷靜的深呼吸，然後根據你對談話過程的記憶來想像談話內容。你甚至可以考慮寫下來，這能有助於回憶。

當你思考你是否得到了「了結」，請把焦點放在你身上。我知道要做到這一點並不容易，如果你覺得自己被對方表達出的情緒所困擾，但是我建議你把焦點放在自己的反應上，而非放在對方的反應上。

你的理性思考對這次的經驗有什麼看法？客觀而言，你認為自己得到了「了結」嗎？另一方面，量測你的情緒溫度。你是否打從心底覺得自己得到了你需要從這番對話得到的東西？如果你的情緒一發不可收拾，你可能需要靜待片刻，才能更準確地評估其結果。本章將幫助你整理自己的想法和感受，得到一些不同的觀點，再決定你是否獲得了「了結」——以及接下來要做的事。

你感覺如何？

人類是情感的動物。想要尋求「了結」的一大動機很可能就是幫助你處理強烈的感受，或者換句話說，是幫助你讓自己覺得好過一點。你的感受很可能交織在你的意圖中——未必是你唯一的意圖，但肯定被包括在內，不管是自覺或不自覺。下面這幾種感受是我的諮商當事人經常向我談起的，也是我自己經歷過的。讀過之後也許能幫助你確認自己的一些感受。

- **快樂**：如果你成功地達成了你想要的「了結」，你很可能感覺到快樂。你說了你需要說出來的話。對方聆聽了，似乎由衷理解你，並且做出你需要他們做出的反應。嗯，這肯定是理想的「了結」，但這並非最常見的結果，至少根據我自己以及那些諮商當事人的經驗。然而，你也可能因為其他原因而感到快樂，例如由於你終於允許自己表達出你的憤怒。
- **悲傷**：和某個人去談得到「了結」可能是個悲傷的經驗。例如，去談過去的問題可能意味著重新體驗過去的悲傷感受。此外，這番談話將會挑起對方的情緒。如果對方的反應很差，而你沒有達成「了結」，你可能會為此感到悲傷。如果對方的反應是悲傷，你可能也會感到悲傷，即使你的確得到了「了結」。當「了結」導致一段關係結束、改變你未來與某人互動的方式，或是承認一段人生的結束，你可能也會感到悲傷。結局不總是快樂的，儘管我們解決了有待解決的問題。

- **憤怒**：就跟悲傷一樣，憤怒可能發自內心，也可能是回應對方的感受。尋求「了結」的過程可能是你終於允許自己感受到你壓抑已久的憤怒的那一刻。憤怒可能會浮上心頭，當你告訴對方你在你們這段關係裡經歷了什麼，讓你最終走到這一步。如果表達得適當，憤怒可以讓人感到解脫。然而，你也可能會由於對方在對話中的表現而感到憤怒——例如，如果對方拒絕承認你的感受、試圖操縱你的心理、以他們自己的憤怒來回應……等等。
- **恐懼**：在尋求「了結」的對話結束後，你可能會害怕自己傷害了對方的感情，或是擔心對方將來會有什麼反應（更糟的是會如何報復）。你可能會對自己的行為感到害怕，害怕你的行為透露出你是什麼樣的人——你發洩憤怒的方式、你所說的話、你有過的念頭。（「哇，我都不知道自己有這一面。」）恐懼令人難以忍受，這可能會促使你回過頭去再次尋求「了結」。可是，如同你在其他生活領域可能有過的經驗，出於恐懼而行動通常不會帶來有效的結果，也不會對你或對方有所助益。

- **內疚／羞愧**：在尋求「了結」的對話結束之後，內疚和羞愧的感覺往往會包裹住其他的情緒。憤怒可能會導致羞愧。（「我為什麼那麼說？」）如果你感到快樂，而對方不快樂，那你可能會覺得有些內疚。你可能會因為覺得害怕而感到羞愧。（「我不是應該要更勇敢嗎？」）然而，內疚和羞愧也可能獨立存在。它們可能來自於自我批評或是覺得自己不配得到「了結」，尤其是當你勉強自己跳出舒適圈來進行這番對話，或是習慣了覺得自己是受害者。當你自己的感覺逐漸浮現，並且意識到對方有什麼反應，羞愧感可能會立即出現，也可能過一段時間才出現。
- **沮喪**：如果對話沒有按照你想要的方式進行，你可能會感到沮喪。別人的行為不總是如我們所願。也許對方拒絕去談你需要談的事，或是拒絕聽你把話說完。也許對方不理解你，或是把你塑造成壞人，藉此免除他們自己的責任……等等。這種情況的危險是，這份沮喪可能導致你持續回過頭來做更多次得到「了結」的嘗試，進一步使你感到無力，使你更不快樂。

● **解脫**：當尋求「了結」的對話進行順利，一種常見的情緒是感到解脫。可是諮商當事人也經常向我談到，光是做此嘗試就令他們感到解脫，即使他們所希望得到的不僅止於此。你之所以感到解脫，可能是因為你主張了自己的權利、坦然說出自己的感受、讓對方知道他們那樣對待你讓你有什麼感覺。至少你把自己的感受說出來了。如同前文中所述，得到「了結」可以意味著你解決了曖昧不清的情況，即使你對結果並不十分滿意。得到這樣的「了結」，即使並不理想，也能給你一種解脫感，因為現在你可以不再糾結於那個情況，而能夠繼續過你的生活。

如果你難以確認自己的感受，就給自己一點時間。每次當你與別人發生情緒衝突，花點時間來恢復平靜都會有所助益。尋求「了結」的對話也一樣。最重要的是要對自己有耐心，也要對自己展現出一些同情。而且不要獨自承受這一切。召集你的「支援團隊」，說出來，喊出來，哭出來。跟你所信賴的人、了解你的人、支持你的人坐下來談一談。說明你的情況，讓非當事人也能理解發生了什麼事，理解這件事對你的影響，在說明的過程中你也能換個方式把自己的情況表達得更好。（事實上，這就是「談話療法」的好處之一！）

你在想什麼？

我們的情緒和心念密切相關，因此在檢視自己的感受時，也得要檢視自己的想法。請注意，在此處我把**心念**當成一個總稱來使用，不僅包含具體的想法，也包括你的觀念、信仰與世界觀。我們在自己的一生中都有內化的信念，由於我們的原生家庭、我們所屬的社群與文化。有些會給我們造成痛苦，有些則是很大的力量。

假定你主動展開有關「了結」的對話，而這番對話進行得不如你所希望的那麼順利，使你心中湧起任何人易地而處都會有的感受：憤怒、悲傷、挫折。想一想與這些感受相關的哪些念頭可能會隨之出現，不管是自覺或不自覺地。下面這些例子是我經常從諮商當事人口中聽到的，表達出自我挫敗的想法或不合理的念頭。

- 「這種事總是發生在我身上。又一次，我受到誤解而且不被尊重。」
- 「對方知道我將要談這件事，於是為了擊敗我而排練了攻擊方式。」
- 「我將被迫嚥下自己的感受，並且將永遠為了這件事感到難受。」
- 「又一個有毒人物使我痛苦——我就是這麼歹命。」
- 「世人基本上真的都不友善，彷彿我還需要更多倒楣事來證明這一點似的。」
- 「從頭來過。下一次，我會先發動攻擊！」

這類想法基本上是停留在你肩膀上的烏雲，等待機會化成雨水淋你一身。你並沒有試圖去有這些想法。它們是你所受的教養、你的基本性格、你多年來的經驗以及其他因素所造成的結果。你未必去思考過這些想法，也未必是理性地形成這些想法；它們會跳出來，幫助你解讀你所處的情況。遺憾的是，它們往往「幫助」了你讓自己感覺更糟。心理健康專業人員把這些想法稱為

「不合理信念」，這些想法未必基於現實，而是經年累月被建構在我們的大腦中。

對自己懷有一種不合理的信念，基於這個信念而嘗試跟某個人做出「了結」，這注定會使自己陷入沮喪、失望和無能為力。我的諮商當事人經常要對抗這些不合理的信念，它們不斷冒出來，扭曲他們的觀點、造成他們情緒上的痛苦，還會干擾他們心靈的平靜，這時候，我會鼓勵他們把這些信念拽進一個想像中的法庭。

這要怎麼做呢？想一想你在尋求「了結」時可能懷著的一個「不合理信念」。接著想像你在一個法庭上，一個討厭的檢察官滔滔不絕地用你那些自我挫敗的信念來批評你——例如：「你從來都得不到你想要的東西」，或是「你永遠不會被愛」。最後，你的辯護律師說：「我反對！證據在哪裡？我的委託人在他這一生中從來不曾被愛過？我的委託人從來沒有得到過他想要的東西？真的嗎？這些指控站不住腳。這是些不合理的信念！」

花一點時間，從這個角度來思考你的自我挫敗信念。它絕對永遠為真嗎？而一個更重要的疑問是：有沒有可能不必永遠如此？

法官在此時介入：「由於缺少證據，此案被撤銷。你們都可以回家了。」讓自己從這番想像中得到一些樂趣，但是花點時間來徹底回答你的辯護律師所提出的疑問。證據究竟是什麼呢？偶爾這個詞是否可能會比總是或從不更加準確？而且，如果你付出一些努力，是否有可能終止這個循環？

如果你對「了結」的需求乃是基於上述那類不合理的信念，下一步是問問你自己：我希望透過「了結」達到什麼目的呢？我是否想藉由「了結」來證明或推翻一個不合理的信念？如果是這樣，基本上你是在請另一個人使你擺脫自己內心產生的自我批評，這可能意味著你將使自己陷入無能為力、無法成長的情況，並且使你承受更多的情緒痛苦。

以我和當事人進行諮商的經驗，我們的想法經常太過挑剔、愛批判，著眼於壞的一面，而非好的一面。可是我們的信念和看法不必是負面的。也有一些想法能夠給予我們鼓勵、肯定自我、幫助我們看見光明面，引導我們在看見半杯水的時候認定杯子是半滿的，然後向前邁進。是的，這種信念，也被稱為「合理的信念」，能幫助我們達成「了結」並且感到滿足，或者至少是接受現實，然後有自信地走開，不再尋求「了結」。

理性思考的力量

如果我們無法仰賴自己的想法與感受，那麼該怎麼做才能幫助自己達成「了結」？讓我們從這一點開始：你的感受就只是感受，而不是你；你的想法就只是想法，而不是你。可靠的是你的理性思考！

「理性思考」這個概念被運用在幾個不同的思想流派中，從佛教到西方的心理學；我是在「亞伯．艾里斯學院」學習「理情行為治療法」（REBT）時熟悉這個概念的。你可以想像「理性思考」位於你的想法與感受之上，這能幫助你整理自己的想法和感受。「理性思考」讓你識別出你正在經歷的感受，並且說出它們的名稱：憤怒、悲傷、恐懼。它幫助你看出你所感受到的情緒乃是由想法造成的：是這個想法導致了那種情緒。理性思考幫助你評估那些想法是否切合實際而具有成效，是否增進了你的自我價值感，是否有助於你善待自己……還是說它們只是設想出最壞的情況、批評你自己，讓你自覺像個受害者。

理性思考最終也可能幫助你看出對方在哪些地方有道理，或是看出你的反應（甚至是你尋求「了結」的需求）在哪些地方乃是基於你對這個情況的錯誤看法或是不合理信念。理性思考也可能幫助你決定自己終究得到了「了結」，儘管不是你希望得到的「了結」，即使就只是因為你得以說出自己的感受，不論對方有什麼反應。理性思考也可能指引你確定自己沒有得到「了結」，是時候該換個方式繼續前進了。

理性思考未必總是能給我們最想要的結論，但是能使我們免於陷入憤怒、不滿和憎恨的泥沼。

練習：運用理性思考

要如何運用理性思考？首先，獨自找個地方，能讓你心無旁騖地思考和感受。做幾次深呼吸，讓自己冷靜下來；這是喚醒理性思考的好辦法，幫助你平息自己的情緒與混亂的思緒，讓你進入一個心靈空間，在那裡你能夠更有效地整理自己的情緒和思緒。然後，想像你站在自己之外，觀察這個試圖掙脫混亂思緒與感受的人。問自己下面這些問題：

- 我有什麼感受？說出你的感受。
- 我對於所發生的事有什麼想法？
- 這些想法與我的每一種感受有何關聯？
- 針對我在這世上的位置，我是否抱持著有助於我情緒健康的合理信念？還是我抱持著不合理的信念，結果這些信念竊取了我心靈的平靜？
- 最後：如果我針對此一情況所做的評估既不實際也不合理，我是否在重複自己在困難的情況中常有的想法與感受？

如果你無法達成「了結」

如同前文中所說，人類不喜歡沒能解決的殘局。如果我們嘗試得到「了結」而不成功，我們就面對著一組全新的殘局。「他真的這樣說？」「她真的那樣做？」「他們怎麼想？」這可能會令人坐立難安。事實上，這可能會使你想要再試一次。

想在對話中掌控最後的話語權乃是人之常情。在某些時刻我們都曾經有過這種感覺，幻想過，也排練過。也許當你回想自己做的那番「了結」對談，發現自己在哪裡放鬆了戒備，發現你當時應該要說、卻因為不夠鎮定而沒有說出來的話。但是，請留心在你腦海中小聲嘀咕的那個聲音：「現在我知道我真正需要說出的是能夠讓對方安分一點的憤怒話語，或是更能夠描述自己感受的善意話語。」

如果這就是你，你無須自我批評，這乃是正常的反應。但是順著這股衝動行事，通常不會帶來「了結」。如果你發現自己正在擬訂策略，想著該如何掌控最後的話語權，你可能會落入一個陷阱。當你需要掌控最後的話語權，你就冒著下列風險：

- 當對方只會堅持自己才是對的，而你也試圖證明你是對的。這是個雙輸的局面，很可能會繼續激起那些令人不舒服的感受。

- 當你尚未準備好去了解對方的立場，卻試圖證明你是對的。你可能需要對自己再多些了解，可是在你們之間發生了那麼多事，使你們無法再做到互相理解而讓彼此都有所成長。
- 一心試圖控制對方對你尋求「了結」的嘗試所做出的回應，使你想在下一次做得更好，彷彿你有能力去掌控別人的反應似的。
- 可能會迎來一場以牙還牙的競賽，可能會轉變成宿怨鬥爭與報復。你真的想把這種毒性帶進你的生活中嗎？

這些都不會讓你更接近長久而健康的「了結」。相反地，這將會使你陷入試圖「再一次尋求了結」的循環。（除非你再次失敗，那麼就又**再來一次**。）

另一種類似的思考過程通常會表現為對於進行對話的情況懷有難以消除的疑慮。不管那番對話整體而言進行得好不好，它可能都不會像電影腳本一樣進行——因為那不是電影，而是真實生活。尤其是當你沒有得到自己想要的「了結」，難以消除的疑慮可能會折磨著你，針對你該說些什麼不同的話、做些什麼不同的事，才可能得到不同的結果。

你是否根據自己尋求「了結」的意圖說出了你需要說出的話？對方理解嗎？對方是否以你所希望的方式做出回應？還是以你認為也有可能的其他方式做出回應？

如果你能夠針對第一個問題做出肯定的回答——意思是你得以說出你需要說出的話，那麼你就已經盡力了。對方要如何回應，不是你所能控制的。因此，請擱下那些難以消除的疑慮，換一條路繼續前進。

你們的關係接下來會如何？

不管你是否覺得你真的達成了「了結」，一番涉及「了結」的對話都會影響你與對方的關係。這個影響可能是結束這段關係，儘管這可能很困難。如果你們要繼續這段關係，這也會帶來一連串的挑戰。你們可能需要花點時間來小心地實踐你們共同決定要做的改變，要給彼此必要的空間來做到這一點。

要與戀愛伴侶或一位朋友度過尋求「了結」的旅程，當然是件複雜的事。雙方都需要做出選擇，關於你們需要怎麼做，以保護自己的情緒健康以及你們這段關係的健康。但是你們的確有選擇。

在其他類型的關係中，你能做的選擇可能比較有限。在職場上，除非你辭職，否則你就可能還是需要與你尋求「了結」或是沒能得到「了結」的那個人保持聯繫。但願你想出了一種繼續與對方互動的方式。同樣地，家族成員仍舊是你的家人，什麼都無法改變這件事實。即使你決定斷絕聯絡——在一個「有毒家庭」裡，這有時是必要的——那麼，你們關係的本質將會改變，可是由於你們有共同的親戚，你可能無法完全避免和對方互動。如果你沒有與對方斷絕聯絡，你就也需要找到一起向前邁進的方式。

改變人際關係的動態不會在一夕之間發生。這種改變是一天一天逐漸發生的，透過嘗試與犯錯，並且忠於你原本的意圖（是的，我又提到「意圖」這個字眼了）。切記：對你自己以及對方，要懷有耐心與同情心。

對方還好嗎？

有時候，當我們尋求「了結」，我們所得到的超過了我們認為恰到好處的程度。也許你想要對方承認自己錯了，並且向你道歉，可是你未必想要看見對方崩潰，說不出話來，或是乞求原諒。如果這種情況發生了，你可能會在一番有關「了結」的對話之後感到揮之不去的內疚與羞愧。大家首先想到的例子會是「戀人分手」，但是這可能發生在許多種情況中，例如：當你由於對方過於自私自利而結束一段友誼，結果發現對方比你所以為的更在乎這段關係；當你告訴一位同事，說你不會再繼續替他代班，然後發現對方還處於試用期，正拚命想保住工作。

謹防內疚與羞愧會將你帶向何方。試圖消除這些感受可能會導致你回到原本的人際關係問題，試圖「補償」對方會導致同樣不健康的互動，起初就是這種互動造成了你需要得到「了結」。這就好比為了消除內疚與羞愧而讓自己受到更多懲罰，以此來取代這段關係原本給你帶來的感受。

因此，這時候請使用理性思考。檢視你的內疚與羞愧，也檢視你腦中湧現的想法和看法。試想如果有個朋友處於類似的情況，你可能會如何幫助他？你會向他提出什麼問題？可能會給他什麼建議？再想一想如何回應才是富有同情心的回應——同情對方也同情你自己。

你可能會決定最善意的做法是簡短通個電話或是寫張短箋來問候對方，說聲「我希望你安好」或是「祝你一切順利」。你可以鼓勵對方從別處取得支持，你本身無法提供這種支持而不損及自己的情緒健康。可是請記得，在你已經和某人達成「了結」之後，重新接觸往往**不是**最好的做法，除非你們達成的「了結」讓你們有機會改善你們的關係、乃至加深你們的關係。如果「了結」意味著關上一扇門，建議你**不要**重新介入，以免再次激起不愉快的感受。有時候在這種情況下，富有同情心的做法是允許對方去感覺自己的感受，讓對方仰賴自己的韌性與資源，而不要介入並試圖修補，因為這最終可能會使你們雙方都感到無力。

設法得到教訓

當你經歷一次情感上的經驗，這個經驗會留下一件禮物，雖然在當時也許並不像是禮物。這件禮物就是「教訓」。如果你願意學習，你就會學到一些東西，關於你如何思考、感受和做出行為。你將會學到自己有哪些情緒按鈕容易被別人或某些情境觸動。你會更了解自己在人生中想要什麼、不想要什麼；更了解你想從獲准進入你人生的那些人身上得到什麼、不想得到什麼。你也學到自己該做什麼、不該做什麼，才能得到你所需要的東西。而無論是好是壞，你更加了解你能夠對別人有什麼期望、不能有什麼期望。

「尋求了結」的舉動本身就可以是一堂課。你學到自己何以置身於想與對方達成「了結」的處境，是什麼導致你走到這一步。這個情況有哪些地方是你造成的，有哪些地方是對方造成的。

這些教訓可能很沉痛，但是很有價值。生活又一次提供了你成長的機會。

練習：檢視你的合理信念

我在第八章談過不合理的信念，但我也提到了合理的信念。因此，是否要撥出一點時間來仔細檢視一下你的合理信念呢？先快速複習一下，合理信念是那些對你有益、能增進你情緒健康的信念，關於你以及你在這世上的位置。因此，合理信念會引發理性而且有益於情緒健康的想法，從而引導你去尋求健康而有益的「了結」。

你不確定自己的合理信念是什麼嗎？你可以問自己下列這些問題：

- 當我設想最好的自己，我是什麼樣子？
- 做為最好的自己，我對周圍的世界有什麼貢獻？在家裡？在職場？在我的社群裡？
- 當我表現出最好的自己，我有什麼感覺？證據是什麼？
- 當我表現出最好的自己，別人對我有什麼反應？別人如何對待我？
- 當我自覺表現出最好的自己，是我的哪些想法使我有這種感覺？
- 我如何給我生活中的人帶來好處？證據是什麼？
- 這些想法背後的信念是什麼？

花點時間列出你的合理信念。這些信念是你人生的指導原則，是個基礎，關於你想在這個世間當個什麼樣的人、希望別人如何對待你。

為了幫助你建立起你的合理信念清單，下面是我從諮商當事人身上找到的一些例子：

- 這個世界是個安全的地方。
- 有時候生活進行得如我所願，有時則否，但是我並非注定要失敗、注定要不快樂。
- 我善待他人，也值得受到別人善待。
- 我有權利要求我所需要的東西。
- 有些人會喜歡我，有些人不會，但我仍然是個值得別人喜歡的人。
- 別人未必總是理解我，我可能也未必總是理解別人。
- 我無法掌控別人怎麼想、怎麼感受、有什麼行為。

把這張清單放在手邊。當你發現還有別的合理信念時，就再加進去。當你發現自己處於需要得到「了結」的情況，當你正在形塑或質疑自己的意圖，請參考這張清單。

本章結語：「後見之明」的勝利與霸道

花很多時間（往往是太多時間）看進人生的後視鏡，這乃是人之常情。回憶，檢視，做出反應。如果有機會重來一次，也許我們會排練自己將怎麼做、怎麼說。

當你在嘗試得到「了結」之後評估結果，請記得我們可以從回顧中學到很多東西，如果我們能夠更客觀地回顧過往，並且為日後汲取教訓。但是我們往往只會批判自己，而使自己感覺更痛苦。

當你尋求「了結」，我希望你得到了你想要的理想結果。但也許你得到的「了結」並不理想，也許它雖然回答了你的疑問，卻使你感到悲傷或憤怒。也許你根本沒有得到「了結」。

我經常對諮商當事人這樣說：我們就自己當下所知、運用自己所能運用的資源（包括內在的力量）盡力而為。你目前所想到的可能是你在尋求「了結」時還不知道的——事實上，試圖得到「了結」的這個過程可能讓你得到重要的教訓，並且幫助你更有自知之明。再說一次，你當時已經盡力而為，如果你明白自己的意圖並且誠實行事，你可能做得相當不錯了。我們都是仍待改善的未完成作品，經常在希望和絕望之間擺盪。因此，對自己有點同情心吧。

PART

4

當你得不到你想要的「了結」

CHAPTER 11 何時該走開

我希望在第三部分討論過的方法，能幫助你以健康而有成效的方式得到你所尋求的「了結」。希望你本著意圖進行了一番坦誠的對話，替你解決了那些懸而未決的問題，得以心情平靜地繼續過你的生活。然而，如同我在本書中多次提到的，基於各種理由，我們未必總是能夠得到「了結」。

這表示有時候你必須問自己下面這個問題：是否是時候了，即使得不到「了結」也該繼續過你的生活？

讀到這裡，你可能會想：「你一直在告訴我為什麼我想得到了結，又該如何得到了結！而現在你卻要我忘了這件事，直接走開？」

嗯，是的。

這話聽起來可能刺耳。這當然並非我的本意。然而，一直追求某件始終得不到的東西，對之念念不忘，讓它在你生活中扮演了過度重要的角色，這只會使你陷入不快樂。在無法得到「了結」時要求「了結」，基本上就只是苦撐著等待別人來提供你所需要的療癒——並且自願在對方這麼做之前陷入不快樂之中。

但是，如同我在第二章提過的，在「了結」之外還有另一個選擇，那就是「接受」。「了結」回答了你的疑問並且解決了曖昧不清之處，「接受」則是接受現狀並且無論如何都繼續向前邁進。如果選擇「接受」，你可能永遠無法得到那種終結感，也可能永遠無法理解某些事**為什麼**會發生，但是你還是決定放手，不再去追求「了結」，而專注於繼續過你的生活。這聽起來不像把一切都打包成一個整齊的包裹、再在上面打個蝴蝶結那樣令人興奮，可是當「了結」乃是不可能的（事情往往如此），「接受」通常才是上策。

到目前為止，我把重點放在「尋求了結」和「得到了結」對我們的情緒帶來的好處，以及沒能得到「了結」時的情緒風險。在本書的第四部分，我們將邁向一個新方向：在沒得到或得不到「了結」時該怎麼辦，從本章開始，我們將探討何時該走開以及這樣做的理由。

重視自己的情緒健康

我見過諮商當事人做過許多困難的決定，而決定在某個情況中停止尋求「了結」，屬於其中最困難的一種。我們都知道這有多困難，基於我在第二部分討論過的所有原因：希望自己是對的；想要向對方道歉或得到道歉；想覺得自己能夠掌控情況；想讓對方終於知道你有多生氣或多受傷……等等。可是當「尋求了結而不可得」這件事損害了你的整體健康，做出「走開」這個困難的決定可能是值得的。

「走開？」你可能會問，「意思是叫我放棄得到我所需要的了結嗎？」

要回答這個問題，讓我反問你幾個問題：你有多重視自己的心理健康？多重視你的自尊？你的生活品質？換句話說，你有多重視自己的身心健康？我猜想在平常的日子裡，你會說你對這些東西高度重視。當然！然而，當我看見諮商當事人由於無法（或不願）放棄對「了結」的渴求而深陷於痛苦中，我會懷疑他們說自己「對這些東西高度重視」是否屬實。

我第一次向一個諮商當事人提出這類問題時，對方的回應可能就只是聳聳肩膀。然而，隨著時間過去，「堅持得到了結是否可能損及他們的情緒健康？」這個疑問往往就有了新的意義。

你可能已經知道，身、心、靈至少在某種程度上乃是共同運作的。你的情緒健康會影響你的身體健康，反之亦然。當你在職場上度過了壓力很大的一天，你可能會頭痛或是冒出蕁麻疹。相反地，如果你達成了一直以來努力達成的目標，使你感到自豪和快樂，你可能會一夜安眠。而你若是經歷了一連串的失望——比如說，一再試圖得到「了結」而又一再失敗——你可能會發現自己的心情跌落谷底，完全沒有了精力，覺得自己的整個人生都破碎了。

身為心理健康專業人員，情緒是我關注的重點，但是我也看見當事人的情緒狀態對他們生活其他領域造成的影響。隨著時間過去，未被滿足的「了結」需求會對你的情緒健康造成損害，從而損害你的整體健康。因此，學習去評估何時該放棄尋求「了結」而選擇「接受」，這件事十分重要。

讓我們來看看幾個關鍵指標，告訴你該是放棄「了結」的時候了，為了你自己的健康。

把一切都押在「了結」上

從一個跡象可以看出你對「了結」的嘗試已經變得不健康了：就是你開始把一切都押在「了結」上，覺得如果你沒有分毫不差地得到你想要的東西，你生活的一切就都好不了。

「如果得不到了結，我就會……」我經常聽見諮商當事人結束這句話的方式包括：「我就會垮掉」、「永遠恢復不了」、「覺得自己很失敗」、「永遠無法罷休」、「我會死掉」。當我聽見當事人用極端的詞語來描述「了結」，彷彿他們就只有兩個選項：得到自己想要的，或是情緒完全崩潰；這時我心中就響起了警鈴。我擔心當事人太過執著於得到「了結」，乃至於他們基本上是把自己的情緒健康押在某件可能無法達成的事情上。

你的大腦可以想出各種理由，關於你為什麼必須得到「了結」：你受夠了苦，這是你應得的，諸如此類。這可能都是真的，但是告訴全世界、全宇宙或是上帝，說你絕對必須要有什麼，這將是自尋失敗。非此即彼的二分法往往使人得到後者。這將使你何去何從？

事實是，即使得不到你想要的「了結」，你的人生並不會因此結束，而你若是覺得你的人生將會因此結束，這就是個信號，告訴你該後退一步，重新評估是否該是走開的時候了。

你一心只想著「了結」

在心理健康領域我們經常談到「反芻性思考」。反芻性思考意味著在腦中翻來覆去地一再思考某件事，遠遠超出了健康或有效益的程度，從每個不同的角度過度加以分析，想像你可以說哪些不同的話，可以有什麼不同的做法，由此可能會產生哪些不同的結果。這通常意味著排練一次對話（或一次衝突），想像你將會說些什麼，計畫你的每一次反擊，直到最後一句擊中要害的妙語。你把空閒時間的每一秒鐘，連同你其實抽不出來的分分秒秒都用來幻想那個將帶給你「了結」的重要時刻，得到你想要、需要、應得的「了結」。

當你像這樣執著於某件事，你所遇見的每一件事似乎都會又引發一段回憶，引發更多有關你執念的思緒以及所有與此相關的感受。你被困在一座迷宮裡，每一次轉彎似乎都會帶你走進同樣的死胡同。你可能感覺「了結」是唯一的出路，是你的救星。在沒有得到「了結」的情況下，你又會陷入執著的反芻性思考。無法向前移動、得不到真正的滿足、沒有歡樂。直到……

如果這是你的心理狀態，那麼你就該開始尋找一條走出迷宮的新路線了。

你開口閉口談的都是「了結」

如果你一心只想著「了結」，那麼很可能你也不停地談著「了結」。你對每個人述說同樣的故事，只要對方願意靜下來聽你把話說完。這個故事是關於你所經歷的事、你曾經如何試圖得到「了結」，或是你想要如何嘗試去得到「了結」。也許你想得到一些同理心（「你不也有過這種感覺嗎？」）；也許你想博得一些同情（「你不覺得我很可憐嗎？」）；也許你在尋求建議（「換作是你，你會怎麼做？」）；不管是以哪一種形式，你就是無法停止去談這件事。你覺得忿忿不平，把自己弄得心情低落，也把別人弄得心情低落。得到「了結」成為你生活的唯一目的。

這讓我想起一位諮商當事人，他在黃昏散步時被一輛計程車給撞了。當時他為了繞開前面那些走得比較慢的人而走下了人行道，剎那之間就發現自己被撞飛在半空中。他身上有幾處骨折，醫治傷勢需要用上骨釘、螺絲和大量的物理治療。每次我們會面諮商，這個當事人就想要談那個開車不夠小心的計程車司機，說對方毀了他的人生，說對方唯一關心的事就是不要被究責。我的當事人想要得到道歉，想要知道這個計程車司機自從那樁事故之後就不曾有過片刻安寧，也想要得到更多和解金。他想要按照自己的方式來得到「了結」。他渾身散發出怨氣，乃至於他的朋友開始迴避他。那成了他生活的唯一重心，而且他真的很不快樂。

嗯，他有那些感受是很容易理解的，可是他對於「了結」的追尋，究竟是使他邁向平靜與滿足呢？還是把他推得更遠？

你在憤怒的毒液中泅游

憤怒是一種正常的人類情緒。當有人以某種方式傷害了我們，我們就覺得憤怒，而這未必是件壞事。可是，當憤怒進駐我們的心靈，開始掌控我們所有的想法與感受，問題就出現了。如同在第四章討論過的，要釋放被壓抑的憤怒，感覺上「了結」可能是唯一的途徑，而我們若是無法得到自認為將能使我們擺脫憤怒的「了結」，我們往往會更加憤怒。

無休無止的憤怒或狂怒會使我們試圖去傷害對方（在情感上或以其他方式），藉此來尋求「了結」。憤怒也可能導致我們避免去尋求「了結」，因為當我們沉浸在憤怒中，我們覺得自己是如此理直氣壯；或是在相反的情況下，我們會因為覺得自己就只配沉浸在憤怒與怨恨中，而避免去尋求「了結」。

這種想法不但可能對你和對方有害，也建立在一個錯誤的假設上，誤以為我們沒有心理資源和情緒資源來管理自己的憤怒，誤以為我們必須仰賴他人來給予我們「了結」，如果我們想要消除憤怒。這並非事實，而且我們能夠完全靠自己來達到「接受」的狀態，我將在下一章做更詳細的討論。

你在逃避哀悼

當我們由於死亡、分手或是任何其他原因而失去某個人，我們會經歷一段哀悼的過程——放手讓我們失去的那個人離開，感覺隨之而來的感受，將這份失去融入我們內心，然後展開人生的新頁。與那個人達成「了結」（無論我們如何定義「了結」）有助於我們跟對方告別。「了結」能幫助我們哀悼。

可是有時候，尤其是在對方死亡的情況下，我們不可能得到我們想要的「了結」。我們將永遠無法說出我們想說的話，也無法聽見我們想聽見的話。得不到「了結」可能會使哀悼的過程更加困難——事實上，可能會困難到使你一心只想得到「了結」。你會做反芻性思考，會排練你想進行的對話，會要求上帝或宇宙設法給你「了結」，你知道必須得到「了結」才能繼續前進。

在失去某人之後，你在腦中想像的「了結」基本上可能是「奇思異想」。不真實，不實際，不可能。哀悼是個逐漸放手的過程，要求「了結」可能會使得哀悼的過程根本無法展開。這可能是一種否認的心態，努力去避免感受哀悼的痛苦，但最終這只會使你受苦的時間更長。

這就是個徵兆，表示該是走開的時候了。（而且請記住：如果哀悼或是其他任何情緒變得令人難以承受，別害怕去向心理健康專業人員求助。我們受過訓練，能夠客觀而不帶批判地聆聽，也能夠幫助你整理自己的感受並且學習處理這些感受的技巧。）

自我評估：我的情緒健康是否受到威脅？

當你評估自己的情緒健康，並且考慮能否擺脫自己尋求「了結」的需要，你可能會想問自己下面這幾個問題。

- 我是否發現自己經常沉湎於所發生的事，一再檢視自己的行動和對話？
- 我是否會排練不同版本的對話，是我想要與我尋求「了結」的對象進行的？
- 我是否覺得如果得不到「了結」，我就永遠無法快樂？
- 我是否開始覺得生活沒有意義，就像是不得不繼續踩的跑步機，直到我透過「了結」找到意義？
- 我是否在等待「了結」，在那之後我才能允許自己去處理並且接受「我已失去對方」這件事實？
- 沒能得到「了結」是否讓我滿心憤怒，使我經常準備爆發怒氣？

- 我所經歷的事以及我對「了結」的需求，是否在每次談話中幾乎都會出現？
- 我是否覺得自己在大發脾氣，又踢又叫地向宇宙要求得到「了結」？
- 我是否發現自己在說：「一旦我得到了結，我就終於能夠——」？
- 我是否有時候（或經常）會覺得，「達成了結」已經成了我生活的唯一目的？
- 最後：我對「了結」的需要是否妨礙了我當個樂觀、知足、具有生產力的人？是否妨礙了我投入生活並且擁有充滿愛的人際關係？

當心惡霸

除了優先考量你的健康之外，如果對方欺負你或是以別種方式虐待你，這就也是停止向對方尋求「了結」的另一個好理由。這種欺凌可能以各種方式發生，但是諮商當事人最常和我談到的有兩種：「心理操縱」以及「把對話變成辯論」。

首先來談談英文裡稱為「煤氣燈效應」（gaslighting）的「心理操縱」。「心理操縱」是當某個人對你說某件事只存在於你的想像中，目的在於使你質疑自己和你的感知。（這個術語來自一九三八年的舞臺劇《煤氣燈》。劇中的丈夫試圖讓妻子以為她失去了理智，所用的手段包括逐漸調暗家裡的煤氣燈，然後對妻子說那只是她的想像。）這是那些否認現實、不願意正視自我的人常用的伎倆。這種人會說：

- 「我沒做那件事，你為什麼這麼說？」
- 「你不認為這可能是你想像出來的嗎？」
- 「那件事根本沒發生過，你總是誇大其詞。」

受到心理操縱可能會使人極度沮喪，尤其是當對方是你試圖尋求「了結」的對象。當你撞上由這樣一個人築起的牆，你可能會發現自己執著於證明自己或是厭倦了聽見盛氣凌人的相同論點。無論如何，想操縱你心理的人都會堅持自己的說法，而每次你聽見這個說法，你都會覺得更加無力。這表示現在是走開的好時機。

試圖和一個存心把對話變成爭論的人交談，則是造成無力感的另一個原因。有些人比其他人更善於言辭，當某個人把自己的能言善道當成武器來使用，試圖跟此人進行達成「了結」的對話，可能會是一大挑戰。對方沒有敞開心胸聆聽你說話，反而駁斥你提出的每一個論點，藉此逃避個人責任，甚至可能藉此恐嚇你。我見過諮商當事人表達出震驚，當他們真誠地試圖得到「了結」，而他們的嘗試卻被對方當成一次辯論的機會，目的在於證明他們錯了。

當你處於這種情況，你有個選擇。你可以舔舔自己的傷口，準備進行第二回合，希望自己也能像對方一樣能言善道（祝你好運！），你也可以決定不要讓自己再被一個只會繼續傷害你的人凌辱。一如你的父母可能曾經告訴過你，要對付遊戲場上的惡霸，最好的辦法就是選擇不交手。遠離擅長言語戰的人是一種把權力掌握在自己手中的行動。

同情心的真實意義

如果諮商當事人無法選擇用「接受」來代替「了結」，一個常見的原因是他們擔心對方在某方面「需要」他們，或是他們必須持續尋求「了結」才能當個「好人」。如果聽到他們說出類似下面這些話，我就會察覺這種情況可能正在發生：

- 「他有很多煩惱，我知道他不是故意的。」
- 「我不能拋下她不管，總有一天她會明白她有多麼需要我。」
- 「他們很固執。但是只要我繼續努力，我就能推倒那堵牆。」

把這種邏輯用在自己身上可能使你繼續陷在困境中，或是徒勞無功。你可能會想：「蓋瑞，可是我是個有同情心的人呀！這是一種善舉！我願意不惜一切代價，來幫助對方明白我們需要得到了結，並且修補我們的關係。我是我們當中的強者。我可以做得到。他們需要我的幫助。」

讓我來告訴你我對「同情心」所下的定義。「同情心」意味著愛別人也愛自己、尊重別人也尊重自己。它並不意味著助長對方的不良行為、容許對方忽視你或傷害你，也不意味著犧牲自己的福祉來試圖幫助對方或修復對方。這種版本的「同情心」對於對方沒有益處，而且肯定對你沒有益處。

如果你發現自己繼續尋求「了結」，是因為你認為這乃是一個仁慈、有同情心的人該做的事，即使這樣做不會有任何結果，還會造成你的痛苦和煎熬，那麼這就是個強烈的信號，告訴你該是走開的時候了。

停止尋求「了結」的其他理由

還有許多其他原因，可能會讓你決定最好的行動方案，乃是停止尋求「了結」而設法接受現狀。讓我們來看看最常見的幾種。

當風險大於潛在的回報

如果你尋求「了結」的對象一向不好應付、不願意付出，或者根本就是口出惡言，你在「尋求了結」時可能招致的傷害也許不值得「獲得了結」所帶來的潛在回報。如果「了結」的過程拖得很長，充斥著會進一步打亂你生活並且對你造成情緒傷害的反覆會晤乃至法律行動，你可能會選擇把你的精力用在別處。當然，你可能會得到你想要的「了結」，但從內心的平靜開始，你在這個過程中會失去什麼呢？而藉由「接受現狀」，你能夠得到什麼？避免什麼？

質疑你本身的動機

我們已經花了很多篇幅討論過「意圖」的重要。當你思考自己尋求「了結」的意圖，你可能會問自己一些艱難的問題，從而決定尋求「了結」並不符合你的最佳利益。你可能會決定你真正想要的是證明自己有理，或是想得到道歉，還是想要報復。在某些情況下，經過進一步的考慮，你可能會決定這件事對你來說已經沒那麼重要了，由於你已經跳脫了最初的情緒。當你客觀地檢視你的意圖，並且花時間認清自己，你可能會發現聳聳肩膀接受現狀也能同樣令你滿意。

尋求「了結」可能會損及對方或你們的關係

如果你曾經處於「斥責某人」的地位，結果看著對方由於你說的話而崩潰，那麼你就會明白為什麼有時候「接受現狀」可能是你該選擇的最佳途徑。有時候人們沒做到他們應該做的事——不管是在戀愛關係中、在友誼中、在家庭中、在職場上，還是在生活中——但他們已經盡力而為了。的確，他們的為人並不符合你的期望，但是「了結」就能讓你得到你想要的嗎？如果能夠，對方的情緒或是自尊是否會連帶受損？你們的關係還能維持下去嗎？如同俗話所說：生活雖然不是一場戰爭，還是應該要謹慎選擇你的戰役。「接受現狀」，可能對你們雙方都有益。

你看出對方不會給你「了結」

在前面幾章，我討論過你對「了結」的尋求有可能會以許多方式碰壁。你做足了功課，你的意圖很明確（至少對你而言），而你想好了該如何與某人洽談「了結」。然而，談話沒有結果。我曾經討論過的「非言語嘗試」（例如善意舉動和書面訊息）也被對方忽視。你何時要決定走開？這是你的選擇，可是當你發現自己處於這種情況，你可能會發現「接受現狀」最終是你最健康的選項。

躲開被當成武器來使用的「了結」

再一次提醒：「了結」可以被當成武器來使用。說自己在尋求「了結」的人可能並非本著意圖這麼做，甚至可能在說這話的時候根本就不誠實。跟這樣的人進行對話，最終可能只會讓你想起過去受到的傷害，讓對方重新展現自己有力量控制你，讓你承受更多痛苦。當你接受過去，選擇向前邁進，對方以「了結」為名而把你拉回過去的企圖就不能再影響你。有了「接受現狀」這件武器，你就能認清披著羊皮的狼，並且走開（或溜之大吉）。

聆聽你的直覺

如果讀到這裡，你還在問：「我怎麼知道該是停止嘗試得到了結而走開的時候了？」這裡有一個簡單的回答：聆聽你的直覺。

這是我的經驗：如果要判斷另一個人是如何對待你的，你可以仰賴自己的直覺。我經常問當事人：關於他們所處的情況，他們的直覺對他們說了什麼？而他們經常描述自己內心有個小小的聲音在告訴他們需要做些什麼。嗯，他們可能並不想聆聽那個聲音。他們可能會積極說服自己不要聆聽，想出各種理由來告訴自己為什麼應該堅持到底。可是隨著時間過去，你的直覺可能會使你愈來愈質疑自己的行動。仰賴這種不安的感覺，並且聆聽教訓。

內心那個小而堅定的聲音始終與我們同在，它很少會帶我們走上錯誤的方向。即使你猶豫著是否該遵照自己的直覺行事，在你做決定時，你的直覺肯定是個重要的參照點。

走開的過程

那麼，當我們不斷碰壁時該怎麼做？讓我們藉由檢視一個例子來思考走開的過程。

塞伊德和艾瑞雅約會了一年之後，艾瑞雅忽然用一則簡訊結束了他們的關係。塞伊德心碎而且困惑，於是他當然想要得到「了結」。他和艾瑞雅計畫要見面談一談，可是當那一天來臨，她沒有出現。當他發簡訊問她發生了什麼事，她說她忙忘了。塞伊德又發了兩則簡訊，請求她抽空和他碰面，可是艾瑞雅根本不再回覆。

這時塞伊德還有哪些選擇呢？接下來該怎麼做？

假如塞伊德來找我諮商，我們可能會先討論他想得到「了結」的原因。我會跟他談談為什麼他想和艾瑞雅坐下來談。是想對她發火嗎？想試圖傷害她，就像她傷害了他一樣？還是想談談在他們的關係中發生了什麼事，為什麼艾瑞雅突然選擇離開？藉由這樣一番對話，他希望能解答哪些疑問？（常見的例子包括：「為什麼會發生這種事？」以及「如果我做錯了什麼的話，我是哪裡做錯了？」）他是否想讓她知道他有多難受？是否想聽聽她的感受？是否想看看他們能否復合，或是設法在將來當普通朋友？還是他希望這將是他們最後一次交談？

我也會詢問塞伊德，在艾瑞雅突然斷絕聯繫之後他有什麼感覺。姑且不浪費時間去試圖弄清楚艾瑞雅的動機，以他對她的了解，她這種行為是否出人意料？一再請求得到「了結」是否使他心裡覺得比較舒服，還是使他感覺更糟？他覺得權力更加掌握在自己手中嗎？還是相反？

我可能會請塞伊德談談他的恐懼。他是害怕沒有艾瑞雅的週末該如何度過嗎？他是在擔心要如何打發時間、擔心他的社交圈裡會有哪些人嗎？他可能會害怕自己不是個可愛的人，而他需要艾瑞雅來向他保證他是可愛的，這件事他覺得單靠他自己無法做到。要求你說出自己的恐懼可能很可怕，但是這也可能使你更能把權力掌握在自己手中。

另一件重要的事，是討論理性思考的力量並且實事求是地檢視證據。艾瑞雅如何回應塞伊德的見面要求（這些要求已經快要變成懇求）？她答應了並且露面了嗎？她是說「也許」或是「現在不行」嗎？證據是不言自明的，而塞伊德若是接受了自己的希望與恐懼，再理性地檢視證據，他就可能會得出結論：艾瑞雅不想和他進行這番談話，不管理由是什麼，而且他無法強迫她跟他談。

我的目標將會是幫助塞伊德了解自己的心思，幫助他決定該是時候放棄向艾瑞雅尋求「了結」了。一旦他做出了這個選擇，就是開始替他自己設下限制的時候了。

依照我的經驗，當你想要的某件東西是你的理智告訴你很可能得不到的，那麼就是替你自己設下限制的時候了。對塞伊德來說，這可能意味著不再發簡訊給艾瑞雅，並且提醒自己，如果要有下一步，必須由她來採取行動。這可能也意味著在社群媒體上取消追蹤艾瑞雅，並且請兩人的共同朋友不要再向他報告她的生活現況。替塞伊德設下限制，很可能也意味著要他在自己的生活中變得更加活躍，找到消磨時間的新方式，並且建立或重建他的朋友圈。替自己設下限制是一種方法，讓你逃出喪失權力的陷阱，並且找到途徑把權力掌握在自己手中。

練習：想像你的自由與心靈平靜

找個安靜的地方，沒有令人分心的事物，也沒有噪音。採取舒服的姿勢，閉上眼睛，想一想目前或過去曾有過當你需要「了結」卻沒能得到的情況。現在想像你面對著那個造成你痛苦的人。什麼話都別說，向對方揮揮手，然後轉過身去。離開對方，走向一個使你快樂的地方，例如你的家或是海灘。在你行走時去感覺你心中湧起的感受。當你感覺到憤怒、悲傷或失望，就刻意用其他感受去取代，例如解脫、快樂或者就只是知足。在你用這些新感受來取代舊感受時，對自己說下面這幾句話：我接受。我放手。我學習。我向前邁進。這個練習你可能需要多做幾次——每當需要「了結」的念頭出現在你腦海，每當那些舊感受湧上心頭；這種視覺化想像能幫助你做出決定，決定是否該是走開的時候了。這也能幫助你確認「走開」這個決定，藉由提醒你「逝者已矣，來者可追」。

本章結語：選擇你自己

本章的主要訊息是「優先考量你自己」——尤其是優先考量你的情緒健康。家庭和社群未必會教我們這麼做，反倒經常教導我們「感覺是危險的」

或是「感覺是軟弱的表現」，因此應該要加以壓抑或否認。許多人沒有被教導該如何處理不自在或難以處理的感受，許多人也被教導「我們的感受乃是由其他人引發」，應該由引發我們感受的人把這些感受帶走。

「了結」可以是一種十分正向的方式，用來療癒我們自己以及我們的人際關係。可是尋求「了結」也可能不會有結果，使我們在情緒上感到不適與枯竭。只有你知道何時該走開。你要怎麼知道呢？傾聽你內心的直覺，運用理性思考，並且捫心自問，如果你心裡知道無法達成「了結」，那麼繼續費力去追求「了結」對你的情緒健康來說是否值得？如果答案是否定的，那麼就是該走開的時候了。

CHAPTER

12 欣然選擇「接受」

讀到這裡，我們已經確定了尋求「了結」的價值，也確定了這如何能夠療癒個人以及人際關係。然而我們也確定了追求「了結」的某些方式乃是件傻事（說得直白一點），使你無法把權力掌握在自己手中，並且對自己的情緒造成損傷。如果事實證明不可能得到「了結」，那我們該怎麼辦呢？繼續感覺受傷、被迫向前邁進，當我們心碎、灰心喪志、憤怒而且困惑？不盡然。如果我們欣然選擇「接受」，就不至於如此。

在撰寫本章的時候，我湊巧在收音機裡聽到一則新聞，關於兩位演員對一個製片廠提起訴訟，指控製片廠在五十多年前對待他們的方式不恰當。根據最新的法律規定，他們有權向法院提出這些指控，而他們意圖索取天價賠償。報導這則新聞的記者說：雖然這兩位演員如今都已經七十歲上下，他們可能終於能夠得到「了結」。基於顯而易見的原因，這則新聞引起了我的興趣。

當我思索他們的故事，我同意製片廠當年對待他們的方式不恰當。事情似乎很明確，他們在年少時沒有受到尊重，當時他們還不知道該如何保護自己。可是我也不禁想到這樁訴訟對他們來說將意味著什麼。這個案子很可能會纏訟多年，他們原本可以用來和家人與朋友一起享受生活的時間，將被法律會議和出庭填滿。他們過去和現在的生活將會被徹底檢視，揭露出他們可能不想讓媒體披露的隱私，也可能使他們必須面對殘酷的揣測、憐憫或嘲弄。更別提他們可能會失去的收入，當他們努力爭取一筆在支付律師費用之後可能所剩不多的和解金。

但最重要的是，我必須要問：在法庭上勝訴是否真能給他們帶來「了結」？一筆和解金也許足以使他們與他們的繼承人獲益。他們也許能得到製片廠的道歉，或是讓世人了解其他處境與他們相同的年輕演員所遭遇的困境。可是一張支票能夠消除他們多年來所承受的痛苦嗎……還是說重提當年的往事意味著重新經歷那份痛苦、甚至是加重那份痛苦？贏得這場官司，是否將終於給他們帶來事業上的成功？他們說自己當年由於受到製片廠的不當對待而錯失了成功的機會。我不禁懷疑，為了達到他們所尋求的「了結」，他們花在法庭上的時間以及他們為了勝訴（即使他們勝訴了）而必須承受的負面影響是否值得。還是在權衡了利益與代價之後，那可能是空洞的勝利？

接著我從「接受」的角度來思考這個案例。我並不是說當年發生在這兩位演員身上的事情是對的——絲毫不是。可是我不得不懷疑，如果他們能夠接受所發生的現實，無論是好是壞，他們是否將從中獲益。這並不表示要假裝過去所發生的事沒有對他們造成影響。積極的「接受」能夠化為行動，例如：使媒體重視這個議題、募集資金，或是成立一個基金會來支持年輕人、替年輕人發聲。這是否能給他們帶來「了結」？這對他們來說是否會是一種更有價值的「了結」呢？如果這能提振他們的心情，以訴訟無法做到的方式使他們與世人產生連結？這需要他們擺脫「以得到鉅額支票做為了結」的概念，也需要接受「往者已矣」的事實。

在上一章，我討論了如何決定何時該放棄追求「了結」而轉為「接受」。在這一章，我們將探討「欣然選擇接受」的好處，儘管這在乍看之下可能很難。

「接受」就是力量

這樣說也許違反直覺，但是「接受」就是力量。當我和諮商當事人做這番討論，我經常遇到抗拒。他們擔心如果停止尋求「了結」，自己將被視為軟弱、情緒不穩定、沒有原則。他們可能會認為這是沒有替自己挺身而出、沒有替自己發聲、甚至是在欺凌者面前退縮。而我完全能夠理解這份抗拒。放棄某件東西、沒有得到自己想要的東西，這怎麼會是一種力量呢？請讓我來解釋。

人類往往會自己妨礙自己，這是由於我們的「自我」。「自我」想要贏、想要證明自己是對的、想要獲勝。「自我」導致我們從善惡對抗的角度來看待各種情況，把自己視為對抗壞人的好人。「自我」促使我們去交戰，好讓我們能夠證明自己的優越，讓我們成為贏家。「自我」必須被滿足！和我對談的諮商當事人經常在尋求「了結」時碰壁，卻由於需要滿足「自我」而一再重新嘗試。而在另一方面，我也經常目睹「需要滿足自我」導致當事人不願意讓尋求「了結」的對方得到「了結」，即使這對他們之間的關係有益。

這裡有個悖論：雖然你的「自我」使你拚命想要擁有力量並且掌控一切，但是按照「自我」的要求行事卻往往會導致失控的行為與無力感。這可能會使你在早有明確跡象顯示出該離開的時候仍堅持留在賽局中，因為你認為離開就等於失敗，而你無法想像允許自己被打敗。我們一心執著於獲勝，乃至於沒有意識到自己已經輸了。

「自我」並不全然是壞事。健康的自我能夠保護你，免於徒勞地尋求不可能得到的「了結」。它能指引你看出何時該走開，並且幫助你在走開時抬頭挺胸；它能幫助你停止要求不值得追求、甚至是不需要的「了結」。可是，健康的「自我」並非建立在優越感和支配感上，其基礎乃是承認自己值得被愛、值得被善待與尊重、值得在生活中做出選擇，這些選擇給予你心靈的平靜，而非更多絕望。而且健康的「自我」願意以同樣的方式去體貼別人。

這就是為什麼選擇「接受」而非「了結」，並不是軟弱的表現，儘管乍看之下似乎如此。事實上，你需要很大的力量去讓自己放棄「了結」、優先考量你心靈的平靜，選擇不再讓自己承受更多的挫折、失望、憤怒或虐待，不再試圖從一口你明知道已經枯竭的井裡喝水。

當我們為了掌控自己無法掌控的事情（亦即大多數的事）而戰，我們就替自己設下了遭遇失敗與挫折的陷阱。當我們放棄這場戰鬥，我們就替自己開啟了全新的生活方式。「接受」意味著放棄戰鬥，不再去期待我們在理性上無法期待的事。選擇放手並且向前邁進，儘管當你陷入所有讓我們想要「了結」的情緒中時，這可能會很難。接受我們在生活中無法掌控的事，這能使我們獲得自由，去專注於我們能夠掌控的事。多麼令人解脫！

「走開」可以意味著取回你交出去的權力，或是重新意識到你的權力，終於對自己說：「我不需要此人的理解，我不需要他們的尊重，我不需要他們的道歉。」明白這一點可以讓你了解你的個人力量存在於你內心，從你身上向外界散發。這個權力是你固有的，你無須索取。你不必說：「拜託，求你了。」你不必說服或強迫某個人給予你這個權力，你原本就擁有這個權力。

「接受」是理智的

選擇走開，放棄你所追求的「了結」，這可能非常困難，當你的思緒和情緒都在對你大喊大叫，說你必須得到「了結」，否則你就無法向前邁進。這時候，你的理性思考就會來援救你。理性思考使你能夠客觀地檢視你的思緒以及從這些思緒中湧生的感受，使你能夠決定什麼做法最有益於你本身的情緒健康。理性思考幫助你超脫於衝突之外，幫助你思索在完美的情況下你想從「了結」得到什麼，然後再思索在真實的情況下你可能得到什麼。理性思考是「接受」的基礎，要做出有利於你本身情緒健康、心靈平靜與自尊的選擇，也要以理性思考做為基礎。當「了結」不可能，「接受」就是個理性的選擇。

讓我來告訴你賈默和提姆的故事。賈默正在處理一次十分困難的分手，要結束一段長達十年的關係。根據他的描述，他的前伴侶提姆是個「情緒無能」的人，能夠共安樂，卻無法處理困難的情況，不太能提供情感支持，而且急於避免令他感到不自在的討論。起初，賈默嘗試討論這些問題並且挽救這段關係，但是提姆卻矢口否認：「我看不出有什麼問題。問題在哪裡？」最後賈默決定長期而言不能倚靠他，於是決定及早撒手。他找到一間公寓，自己搬了出去，藉此充分表達了此一決定。

賈默搬出去時，提姆很生氣。賈默想讓提姆明白他何以做出這個決定——他曾經付出過多少努力，他覺得提姆從不曾好好支持他——可是當他試圖傳簡訊給提姆，提姆不理他。賈默打電話去，而提姆說等到賈默願意道歉並且做出彌補時，他們可以見面談談。賈默覺得自己沒有理由道歉，在這種情況下見面只會導致他過去這十年所經歷的情況再次重演。賈默又試了一次，想知道他們能否談一談，而他收到了同樣一份最後通牒。

賈默跟我說：「我知道你會怎麼想，事情反正就是這樣了。」他翻了翻白眼。「我一直這樣告訴自己。這是陳腔濫調了，但是用在我身上肯定很合適。我原本想要得到了結，以為這能夠幫助我繼續過我的生活，以為這會對我們雙方都有幫助。可是我必須承認我不會得到了結，儘管我認為這是我應得的。我必須接受這件事實。」

我問賈默，我該如何支持他接受這件事實。

「事實上，我可以自豪地說我自己展開了這個過程。今天早上我對著鏡子裡的自己說：『賈默，放手吧。順其自然吧。』」

當然，賈默內心的某處仍然希望能有一番愉快而令人滿意的「了結」對話——或是任何對話。但是藉由使用理性思考，他得以看出這將不會發生，於是不再去追求。

練習：順其自然

根據你自己的經驗，你可能會同意，「順其自然」這句話可以很神奇，而且不僅是因為「披頭四」的那首美妙歌曲（Let it be）。順其自然就是放棄掌控你無法掌控的事，釋放你自己，讓你專注在你能夠掌控的事情上。花點時間來思考「接受」對你個人意味著什麼。帶一張紙找個地方獨處，說出「順其自然」這句話。你想到了什麼？把你想到的事寫下來。把這句話再說一次，然後再寫下你的反應。敞開心胸，思考你生活的各個方面。家裡有什麼事情如果「順其自然」可能會對你或其他人有益？在職場上呢？在社群中？你腦海中是否浮現一些你一直渴望得到「了結」的遺憾？是該順其自然的時候了嗎？

「接受」就是同情

放棄尋求「了結」能夠幫助你成為更有同情心的人。怎麼說呢？得不到你想要的東西並且感覺無能為力，這能使你強烈意識到自己的痛苦。如果你能夠擺脫這種痛苦，而非繼續讓自己承受這種痛苦，這可以成為你深刻自省的機會。你可能會問自己下列問題：「這件事對我來說為什麼這麼重要？我這麼需要從對方那裡得到的是什麼？讓我願意失去掌握在自己手中的權力？也許那根本就不是我所需要的。」你的回答可能會使你更能夠接納自己。

這可以激勵你把自己照顧得更好，更加善待自己。「對自己表現出同情」非常能夠讓人感覺到權力掌握在自己手中，使你能夠毫不羞愧地做自己，不必覺得需要為了做自己而道歉。接受你的不完美和你的天賦，簡而言之，接受你自己！

此外，當你意識到隱藏在你痛苦背後的東西，你就擁有獨特的機會去意識到別人的痛苦，也許你會想要對他們展現出更多善意。當你試圖從某個人那裡得到「了結」而不可得，如果這種失敗的嘗試能幫助你看出對方在生活中所遭受的傷害（或是對方由於你嘗試得到「了結」而經歷的痛苦），你可能會更加接觸到自己具有同情心的那一面。同情心是一件由內而外的事；如果你對自己具有同情心，你就更可能對別人表現出同情。

學到人生的教訓

在理想的情況下，我們會希望得到「了結」能帶來新的自我意識，提高我們的自尊，使我們更有能力說出心聲並且索取自己應得的東西。有時候「了結」的確能做到這些。我們感覺到權力掌握在自己手中，證明了自己有理，感覺自己被理解。而這是寶貴的人生教訓。

但是生而為人，個人的成長需要我們坦然面對生活能夠教給我們的所有潛在教訓，包括那些能被歌頌的教訓以及那些必須忍受的教訓。生活給予我們許多挑戰，一路上留下情感上的累累傷痕，可是這些挑戰可以說是一件禮物，因為我們從中學到的教訓幫助我們成長。當生活給了我們一件禮物，我們就該欣然接受。我最重要的一些人生教訓是從經驗中辛苦學到的。我認為，沒能得到「了結」的經驗固然難受，卻可以讓你獲得寶貴的人生教訓。例如：你寄出之後就後悔寄出的信件，由於它給對方或你的名聲造成了損害；當眾的斥責受到對方的強力回擊，使你感覺脆弱、受到羞辱。這些經驗都有可能教導我們一些事。

我之所以強調「意圖」的重要，一個原因在於這讓你明白自己為什麼需要「了結」，以及你期望從對方那裡得到什麼，並且能夠接受對方的回應。在弄清楚自己意圖的過程中，你可能會判斷自己在情緒上尚未準備好，或是你對「了結」的渴望並不實際，或是你可能會傷害對方的情感。換句話說，你將會在這個過程中對自己多一些了解——上了一堂人生課。

在每一堂人生課的背後都有一個故事，所以我將告訴你有關馬克的故事。馬克成長於一座小鎮，鎮上人人都認得彼此。他父親經營一家小餐館，馬克稱之為「一個美其名為餐館的熱狗攤」，生意一直都不好。因此，馬克一家人生活在貧窮線邊緣。他們住在僅有一間臥室的小屋，他爸媽睡在臥室，他和哥哥則睡在客廳的帆布床上。他爸媽長時間在餐館工作，馬克兄弟必須自己照顧自己。此外，他爸媽還經常吵架。他母親希望他父親放棄這間餐館，去找份薪水比較高的工作。她說這間餐館是建立在「一美元和一個夢想之上，而我們甚至連那一美元都沒有」。他父親總是向他們保證生意將會有起色，可是生意從未好轉。

馬克對自己的家庭情況感到羞愧。在學校裡，同學嘲笑他穿的二手衣物。他從不曾帶任何朋友回家，但是大家都知道他過著什麼樣的生活。

馬克的哥哥一從高中畢業就馬上從軍，和家人斷絕了關係，只會偶爾打個電話，跟馬克幾乎沒有聯絡。馬克則拿到獎學金上了州立大學，在校園找到暑期工作，讓他不必再住在家裡。

如今馬克三十二歲，在另一州擔任教師。他每年會跟父母見幾次面，他們仍舊在那間餐館長時間工作。馬克覺得自己花了許多年的時間才走出童年受到的傷害——他忍受的匱乏與嘲笑，還有他的父母完全沒有察覺他們的選擇（尤其是他父親的選擇）如何影響了兩個兒子。

去年夏天，馬克在一個週末回鄉探望父母。（他在當地的旅館訂了一個房間，因為他實在不想再睡在從前那張帆布床上。）他心裡懷著一個意圖，想要告訴父母他小時候過得多麼辛苦、他們的錯誤選擇所造成的貧窮對他的影響有多大、又如何使他哥哥早早離家。他想要父母承認他是如何努力培養出自己的個人意識，不要總覺得自己比不上周圍的每個人，他想要父母終於承認他小時候擁有的太少，而他在人生中值得擁有更多。馬克並不指望得到道歉，甚至也並不想得到道歉。但是他的確想讓父母理解他的感受，在他眼中他父親自私而無法面對現實，他母親則沒有意願更堅決地替孩子創造更好的生活。

可是當馬克開始說起他的童年，父親打斷了他，轉而說起這間餐館的潛力，說整個社區從來都不支持他，說假使別人給過他機會，它將能夠成為一間很棒的餐廳。他母親則對他說自己是個多了不起的母親，說她和父親教給他們兄弟倆穩固的價值觀。他父母在他說話時不斷插話，一再重複同樣的訊息，關於事情本來可以如何、應該如何。當他試圖告訴父母他小時候有多麼不快樂，在學校裡覺得自己格格不入，他母親對他說：「胡說，你當年是個快樂的小孩。我們去工作的時候，你喜歡和哥哥在家裡玩耍。你不記得了嗎？我猜想是你受的大學教育教你把父母當成壞人。」

「好吧」，馬克說。「好吧，爸媽。」他無心繼續爭論，也沒有那個精力，同時也不想傷他們的心。如果父母不聽他說，也不試圖理解他，那麼他就只是白費唇舌。

馬克有點驚訝於母親的防衛心態和父親的沉默，但是他開始明白他爸媽是多麼用心、多麼在乎地維護這個虛構出來的快樂童年故事。在這個虛構的故事裡，他和他哥哥擁有他們所需要的一切，不管是在物質上還是情感上。他爸媽無法正視自己所犯的錯誤，無法正視自己把一生浪費在一家永遠不會成功的餐館上。如果他們承認馬克的童年不快樂，就意味著他們要替自己的人生選擇負責。假如他們這麼做了，那麼他們還剩下什麼呢？因此，他們反過來試圖操縱馬克的心理，說他的記憶並不真實，說那是太多心理學課程加上時光流逝的產物，他們堅稱馬克忘了他們給他的快樂生活，說馬克就只是需要被提醒。

馬克接受了他爸媽的局限，藉由接受這個現實，他得以帶著幾個寶貴的教訓離開父母家回到自己的生活中。一個教訓是：他的父母已經盡力而為了。他們並不是很好的父母，自己的人生也過得不怎麼樣，但是他們沒有資源——不管是心理上、情感上、財務上——來做得更好。馬克得到的另一個教訓是：並非每個人都能客觀地看待自己的人生，而他的父母肯定不能，因為害怕自己可能會在真相的重擔下崩潰。也許最重要的是：馬克在回家時也擁有掌控自己命運的能力，不管他的父母是否同意。他明白了他一直都有這種能力，就是這種能力讓他在人生中走到現在這一步，但是在這之前他尚未真正擁有它。如今他能清楚看出這種能力並且充分發揮其潛能。

馬克沒有從他父母那裡得到他想要的「了結」，他原本以為自己需要的「了結」，卻發現了寶貴的人生教訓。這就是「欣然選擇接受」的力量。

生活不總是有道理可言

我們最初之所以會想要得到「了結」，一個主要原因是我們希望事情有個道理。我們想要理解某個人為什麼做出那樣的行為，或是事件為何會以某種方式發展。即使我們並不喜歡那些答案，我們仍舊想要聽到答案，勝過完全沒聽到任何解釋。但事實是：在現實世界中，事情不總是有道理可言。

試想一下生活中對你個人而言未必有道理、而你不加懷疑地相信的每一件事物。假如在日常生活中遇到的每件事我都得弄明白其道理，我就根本不會出門了。我不明白一棟摩天大樓是怎麼蓋起來的，但我還是會搭乘電梯上到二十樓；我不明白天氣的變化何以這麼快，但我還是會在需要時帶上雨傘；我不總是明白諮商當事人何以會由於一番在我看來很單純的談話而身心交瘁，但我仍然會傾聽並且在他們尋找前進的道路時給予他們情感支持。

我經常對諮商當事人說：「人的本性難移。」而他們對這句話會有各種不同的反應，從悵然同意到聳肩、發怒，乃至於「哼，他們不該是這樣！」當然，在一個完美的世界，人們「應該」要更好，可是我們並非生活在一個完美的世界。我可以說說我自己的經驗：當我不再期望別人按照我的想法行事，而開始按照他們自己的方式來接受他們，我的生活就變得輕鬆多了。不要求、不乞求、不期望別人的行事要有道理。就只允許他們做自己。當我不再期望生活要合乎邏輯或公平，生活也就變得輕鬆許多。因為生活往往並不合乎邏輯，也不公平。

幾乎每個星期我都會向一位諮商當事人提出同樣這個建議，而他們經常會回來告訴我，說這也改變了他們的生活。這並不表示我們不能對自己所愛的人有所期待，但是這的確意味著去理解，他們能給我們的並不總是在完美的情況下我們但願他們能給我們的。

當你不再去要求這個世界以及世人要有道理，你就給了你自己和你周圍的人一點餘地，允許我們身為原本就沒有什麼道理可言的人類。你通情達理地讓他們盡力而為，不管他們的盡力而為是否符合你自己的標準。通情達理！這麼簡單的一句話，這麼有力量的一句話。

就跟許多人一樣，我習慣以負面的方式來看待聳肩。認為那表示不在乎、懶惰或是軟弱。可是當你不再期望別人行事要合理，給你「了結」，當你意識到該是聳聳肩膀走開的時候了，這時候聳肩可以是堅強、接受和力量的表現。

讓你欣然選擇「接受」的幾個方法

現在我們要來談談眼下的問題：當我的整個身心靈都渴望得到「了結」，我要如何欣然選擇「接受」？答案很簡單，也很難。你決定走開，就能走開。如果你要等到自己終於感覺夠憤怒或夠沮喪，你就會讓自己陷入更多的憤怒和沮喪。如果你在等待覺得受到鼓舞或是感到平靜，你可能要等待很長一段時間。做為替代，你做出一個理性的選擇。你對你自己說：「我不需要再打這場仗了。生活中有許多事都沒有道理可言，這件事也一樣。為了我自己心靈的平靜、為了我的自我意識、我的個人力量，我都需要這樣做。」

你是有選擇的。你可以採取行動，把你的情緒健康擺在第一位，並且在這個過程中重新感覺到自己的完整。以下是幾個方法，讓你在放棄你對「了結」的需求時顧及你的情緒健康。如果這個部分有一個主題的話，我想那就是藉由擁抱生活來達到「接受」。努力擁抱生活，讓你沒有時間去反覆思考你沒有得到的東西，因為你是如此專注於你所擁有的東西。

留心你的自我對話

「自我對話」係指我們在醒著的每個時刻在腦海中不斷進行的對話。我們的自我對話經常充斥著對自己和他人的評斷與批評。對自己重複播放那些「本來會怎麼樣」「本來可以怎麼樣」「本來應該怎麼樣」的錄音帶，只會使我們更不快樂。但是你可以選擇善意的「自我對話」。你可以允許自己當個凡人，就跟其他人一樣；你也可以向自己保證你已經盡力而為，就跟其他人一樣。

用同情與善意的內心聲音來對自己說話，就好像你是在對一個受到別人傷害的朋友或家人說話。在你陷入自我批評、「非此即彼」的念頭、宣稱你的未來是如何黯淡……的時候及時打住。提醒自己「生活基本上是美好的」，這個世上有許多人都心懷善意，包括你自己生活中的許多人。

對自己設下限制

如果你發現自己不斷糾結於你達不到的「了結」，你可能遲早會明白持續去關注這件事乃是弊大於利。有時候我們必須對自己施加「嚴厲的愛」，對自己的想法和行動設下限制。

刻意做出決定，把你的思緒轉移到其他地方，即使只是暫時的。刻意跟朋友與家人談些別的事，而不要去談導致你需要「了結」的那個情況。也要避免更可能讓你沉湎於渴望「了結」的情況，例如一整個週末早晨都賴在床上或是獨坐在酒吧裡。

持續提醒自己：你之所以走開是有理由的。當然，你在腦海裡一遍又一遍地想過你為什麼需要「了結」，想著你若是沒有得到「了結」就放棄了什麼。可是想一想，藉由放下對「了結」的需要，你將能得到的東西，例如腦中將有更多空間去思考未來，感覺到平靜與踏實，或是得以再次感受到歡樂？別再懲罰自己了。用仁慈來取而代之。這是你應得的！

分散你的注意力

正向的分心能幫助你避免在黑暗之處流連，藉由刻意使你投入有助於你感覺踏實、帶來愉悅、使你貼近自己生活的想法與活動。如果你發現自己在對抗反覆出現的想法與感受，關於你尚未能夠實現的「了結」，就選擇專注於有益健康、能分散你注意力的事物——例如嗜好、與朋友共度時光、你的工作——這是個好辦法，讓你投身於生活中能帶給你喜悅的事物，幫助你超越隨著沒能達成「了結」而來的種種感受，例如沮喪、失望和憤怒。能分散你注意力的正向事物是一些小小的證據，累積起來可以使你更加意識到生活是美好的。

去從事（或重新從事）生活中你喜歡的活動。用比較正向或比較有生產力的方式來占據你的時間，藉此把你的精力從有關「了結」的念頭上移開，也從這些念頭可能帶來的危害上移開。聽聽音樂，看一部電影，散散步，下廚，運動。（順帶一提，體能活動是促進腦內啡流動的好方法，有助於對抗負面情緒與壓力。）如果你開始朝這個方向邁進，你可能也會更加意識到自己由於渴望「了結」而在生活中犧牲了什麼，這可能會使你更容易放下你對「了結」的渴望。

擴展你的生活

「了結」往往是關於某件事沒有如你所願，或是某件東西從你這兒被奪走。因此，做為替代，你可以考慮把新事物帶進你的生活中。找個新嗜好，去上一門課，計畫一趟旅行，或是去當志工。

當志工或從事其他善行會格外有幫助，因為當你幫助別人解決他們的問題，就會使你把注意力從自己的問題上移開。存心去療癒別人所受到的傷害，這能幫助你療癒自己所受到的傷害。展現善意是肯定自身力量的一種方式，不讓自己變得怨恨、刻薄、感到挫敗。這表示你拒絕被別人對待你的方式或是你所經歷的失望削弱你的力量。

嘗試冥想

你可以考慮從事冥想或靈修練習，讓你有更多的工具來幫助你療癒。其中最常見也最方便的一種就是正念冥想，正念冥想可以幫助你停留在當下，而非徘徊在人類心靈最容易滯留的兩個地方：盯著後視鏡感嘆過去，或是凝視著水晶球擔心未來。正念冥想帶你進入你的生活，充分意識到此時此地。許多人覺得這很有幫助，使他們更能保持冷靜與平衡。如果你不知道該如何開始，有許多應用程式、網頁和書籍能幫助你起步。

「視覺化想像」是與冥想類似的另一種技巧，能幫助你設法做到「接受」。在早晨或夜裡花幾分鐘在你腦海中想像出一個影像，與你沒能達成「了結」的那個人分道揚鑣。那不是一個憤怒的畫面，而是想像你選擇離開對方，也許在離開之前和對方擁抱或握手，也許就只是轉身朝一個不同的方向走去。經常在你腦海中想像出這個影像，隨著時間過去能讓你更能夠選擇「接受」。

尋求支援

當你專注於自己對「了結」的需要，你可能會發現你最近在把自己孤立起來。或是你可能花了許多時間向朋友與家人吐苦水，乃至於你開始懷疑他們是否在迴避你。無論是前者還是後者，請選擇換一種方式與你所關心（而對方也關心你）的人聯繫。提議聚會，並且表明你正在向前邁進，想要談點新話題。問他們更多跟他們有關的問題。可以考慮一起去看電影或是聽音樂會，這類活動可以讓你們與彼此同在而不必說太多話。如果你感覺他們已經厭倦了聽你發洩，你要有道歉的意願。

善用你的理性思考

退後一步，觀察你的想法以及從中產生的感受。替你自己說出你推理中的任何漏洞。尤其是誠實地檢視你對「了結」的期望，再根據你的經驗來看看你對將來能懷有什麼合理的期望。提醒自己，如果放棄不切實際或不可能的「了結」，將能帶來哪些好處。

運用理性思考可能是個過程，記日記可以幫助你記錄自己的進步並且推動這個過程。坐下來，寫下你的想法，關於你為何想要「了結」，你做了什麼來試圖實現「了結」，是什麼阻止了你達成「了結」，以及你所學到的教訓。請思考「接受」意味著什麼，「向前邁進」意味著什麼，以及你將如何從中獲益。

當你運用理智思考，也要提醒自己你握有選擇權。你可以選擇用理性的方式來思考和行事，你能夠療癒自己。

自我評估：是什麼阻礙了我們選擇接受？

「接受」聽起來是否就像爬坡一樣困難？以下是幾個你該問自己的問題，以評估你是否準備好去選擇接受。

- 當我想到「順其自然吧」這句話，我腦中浮現什麼念頭？
- 當我有這些念頭時，我感覺到哪些感受？

- 我是否能夠接受發生在我身上的事，同時也接受對方的行為很差勁，還是說「接受」感覺上像是在縱容對方來傷害我？
- 我是否十分在意確保我和對方達成「了結」，乃至於「接受」感覺上像是軟弱？
- 如果我選擇「接受」，我放棄的是什麼？
- 如果選擇「接受」，我會得到什麼？
- 如果我決定自己無法接受所發生的事，我要承擔哪些情感風險和其他風險？
- 在決定是否要欣然選擇「接受」時，我的「自我」起了什麼作用？
- 假如我徹底接受自己無法得到「了結」，我的生活會是什麼樣子？
- 選擇「接受」會對我的個人成長有何助益？

我承認這些問題都很難回答，可是做這件功課有可能大大提升你心靈的平靜並且幫助你在生活中向前邁進。你值得費這個功夫。

本章結語：邁向自由的第一步

我知道，要你就這樣接受某件造成你許多痛苦的事並不容易。你可能會想：**我如何能夠走開，就這樣算了？**可是如果你一再碰壁，或是冒著遭受更多虐待的風險，還是由於其他任何原因而不可能得到「了結」，那麼你又有什麼選擇呢？人的本性難移。我們不能強迫別人成為我們想要的樣子，即使只是為了讓結束一段關係變得比較容易。

「接受」不是「了結」，乍看之下這可能像是個缺點。這意味著有某些遺憾可能將永遠無法解決。可是「接受」不是「了結」也意味著這不是你從別人那裡乞求的「了結」，不是你以損害別人為代價而達成的「了結」，不是你並不想要、卻被強加在你身上的「了結」。「接受」是你為了自己而做的事，也是你自己就能做到的事。這是個理性、慈悲、能讓你把權力握在自己手中的選擇，讓你準備好掌控自己的生活，並且懷著自信向前邁進。「接受」是邁向自由的第一步。

CHAPTER

13 在有人去世之後得到「了結」

每個星期，甚至一週之內有好幾次，都會有一個諮商當事人跟我談到「失去」。我們在經歷到任何一種「失去」時，都會感到悲傷。失去一份友誼會使我們感到悲傷，即使我們曾經判斷這份友誼最終對我們沒有好處。失去一份工作會使我們感到悲傷，由於失去了穩定的收入，失去了發揮生產力的機會，或是失去了我們與同事培養出的關係，即使我們決定這份工作是苦多於樂，即使我們是受到排擠或遭到解雇，即使我們換了一份更好的工作。我們會因為失去一段戀愛關係而感到悲傷，不管決定分手的人是誰；當我們由於無法克服的差異或歧見而失去與家族成員真正親近的機會，我們也會感到悲傷。當我和罹患慢性疾病與重大傷病的當事人進行諮商，他們經常和我談到他們在診斷確定之後所感到的悲傷。他們哀悼自己在診斷確定之前的生活，也哀悼他們原本以為將會擁有的未來，假如人生按照計畫進行，但是人生忽然不再按照計畫進行了。

而當我們所愛的人去世，我們當然也會感到哀傷。當我告訴朋友和諮商當事人我正在寫一本關於「了結」的書，許多人都問我這本書談的是否是親人去世後的哀傷。當然，一樁死亡遠遠不是我們想要尋求「了結」的唯一原因，但它是特別棘手的一個原因，一來是因為所涉及的痛苦格外強烈，二來是因為它是永久性的，而其他與「了結」有關的情況則通常不是。因此，雖然在整本書裡我都曾提到失去親人之後的「了結」，我想專門用一章來做更具體的探討。

「了結」能夠讓痛苦消失嗎？

我這一生中曾經失去過許多親人，而我猜想你也有過失去親人的經驗。親人去世給我們留下的痛苦是言語難以形容的。以我自己以及我許多諮商當事人的經驗，失去親人的痛苦會隨著時間而演化。每個人的哀傷都不一樣，也沒有正確的哀傷方式，但是它通常始於劇烈的痛苦，那種情感上的痛苦使你想要叫喊、哭泣、搥打枕頭或是踹門。那種痛苦會使你以為你就要瘋了。你覺得好像你的五臟六腑都要從你口中吐出來。你的痛苦可能感覺如此強烈，使你害怕它會將你淹沒，害怕你會被沉重的痛苦壓得崩潰。而你的確會崩潰，也許會一再崩潰。但你還是撐過來了。

隨著時間過去，那種劇烈的痛苦逐漸消退，成為一種隱隱的痛，滲透了你的思緒與行動。你懷疑自己走路是否變慢了，說話也變慢了。生活彷彿以慢動作進行。你被有關死者的回憶包圍。一首歌、一個電視節目、某種食物的氣味、你聽到的一句話……全都會引發更多回憶。那種隱隱的痛可能會重新變得劇烈。有時候它的確又變得劇烈了，而你忽然感覺到痛苦就像他們去世那天一樣鮮明。

當你在哀悼，你很難承認自己所愛的人將再也不會出現在你生命中。你的理智告訴你必須承認他們不會回來了，但是如果承認他們走了，感覺上就像是放棄。你感到不安、與世界脫節。你試圖微笑，試圖顯得樂觀，當你隔著一層陰霾看著這個世界。你想要平靜地接受他們的死亡，但是你不知道該如何得到平靜。

在諮商中談到哀傷，當事人經常會說下面這些話：「我要如何消除這種痛苦？這實在太痛苦了，令人難以承受。」「我還能再次感到快樂嗎？」「當然也還有這一句：「我要如何得到了結？」」

在接受「哀傷輔導」訓練時，心理健康專業人員被教導去鼓勵當事人述說並感受。請他們述說自己的感受，述說這樁死亡的故事，如果他們願意述說。請他們分享回憶，談談在那個人走了之後，他們現在的生活是什麼樣子。每一次講述失去的故事，每一次體驗失去的感受，大腦就會開始納入這份失去。我相信述說的力量，也相信把思緒與感受化為言語的潛在力量，可是……那些在哀悼中的當事人想要的是「了結」。

他們想要解決那些折磨著他們的遺憾，那些事拒絕給他們片刻平靜，他們相信那想必就是能使一切改觀的神奇鑰匙。

我了解他們的感受。當我失去了一個親人，我發現自己在向宇宙乞求，只要再多給我五分鐘就好。只要讓我能再見到對方一次。提醒他們我有多愛他們，而且仍舊愛著他們。也許說出我想說但沒有說出的話。也許請求對方原諒，當我本來可以更親切、提供更多支持、更有愛心，卻沒有做到。讓我的一些疑問能得到回答，例如「你知道我有多麼關心你嗎？」或許甚至也讓他們請求我原諒。那些在哀悼中的諮商當事人，也經常向我表達出同樣的願望。

這能夠提供「了結」嗎？能夠消除痛苦嗎？也許，但是我想那種解脫只是暫時的，而那種隱隱的哀痛將會再度出現。而且無論如何，那都是不可能的。那麼，什麼樣的「了結」才能幫助我們覺得好過一點？

在幫助當事人度過哀傷的過程中，我聽過許多故事，關於尋求「了結」以化解親人死後的悲傷，有些比較成功，有些則否。

例如，我見過不只一個當事人試圖循法律途徑來達成「了結」。我見過一些家長，他們的小孩由於醫療人員的疏失而死亡，也有一些家長的年輕子女在酒駕造成的交通事故中喪生。有時候，我們的諮商時間被用來報導他們與律師開會的最新情況，被用來報告進度，當他們的案子在司法體系中緩慢移動。我看著這些當事人的面孔因憤怒而扭曲，當他們描述在一些會議中覺得自己受到心理操縱，覺得自己的痛苦被對方的律師說得微不足道，對方通常是大型醫療機構和保險公司。在與這些哀悼中的當事人對話時，他們經常表達出同一個目的：「我要讓他們給我了結。」他們的憤怒使他們暫時有了活力，然後他們就又墜入悲傷的深淵。

我並不是說這些人採取法律行動是錯誤之舉。視情況而定，那在財務上可能很重要，或是有助於阻止某個人或某個機構將來再傷害其他人。但我認為我從來沒見過這有助於當事人在情感上達成「了結」，或是有助於處理他們的悲傷。到頭來，他們還是失去了自己深愛的人。

另一些當事人以不同的方式來處理親人死亡後的「了結」，希望他們所愛的人會出現在他們夢中，給予他們所需要的保證和回答。或是他們希望得到一個徵兆，例如有個當事人在街上撿到一美元，那是她小時候一週的零用錢，而她確信那是來自她母親的訊息。有一位當事人格外令我難忘，他在失去伴侶之後是如此迫切地尋求「了結」，乃至於他去約見一位聲稱能跟死者交談的靈媒。他述說他跟這位靈媒見面的目的在於「我需要我的伴侶來告訴我他仍然在我身邊。這將會給我了結。」

就比較傳統的做法而言，我們的文化提供了藉由葬禮、追悼會或生命禮讚儀式來得到「了結」的方法。這些活動通常包括宗教或心靈訊息、悼詞，以及輕鬆地分享對死者的思念和回憶。我曾經參加過許多場，你可能也一樣。一場葬禮可以是大家一起哀悼、感覺得到支持的時光，而我認為這能夠有助於邁向某種程度的「了結」。然而，參加悼念逝去親人的活動也可能是種難熬的情感經驗。當然，在那裡會有很多的擁抱和弔唁，可是這些都伴隨著現實的沉重打擊，亦即此人已經不在人世，而滿屋子的人都在提醒你這一點，當中有些人可能你根本不想跟他們在一起（也許有幾個人就連死者都不想跟他們在一起）。意在提供「了結」的話語聽起來很空洞，像是「他們去了更好的地方」或是「時間能治癒一切傷痛」，雖然說話者是一番好意。

我們都需要做各種不同的事來應付失去親人的傷痛，無所謂對錯。對每個人來說，哀悼都是一趟個人的旅程，那是每一次失去所愛的人，我們就被迫踏上的旅程。我理解對「了結」的需要，也理解在尋求「了結」背後的那份希望，對療癒傷痛的迫切需要。那種痛苦令人難以忍受。

然而，從這些在親人死後尋求「了結」的例子中，我看出了一個主題。這個主題乃是透過別人來尋求「了結」：透過司法制度、靈媒、一場活動、親友的擁抱和弔唁。如同我在前面幾章討論過的，透過別人的言語和行動來尋求「了結」一向是種賭博。我們可能會從保險公司獲得巨額賠償，也可能不會；我們所尋找的徵兆可能會出現，也可能不會；葬禮可能是我們的文化想使之成為的歡聚時刻，也可能不是。而即使這些事都發生了，我們可能也並不會感覺到原本以為會有並且希望會有的感受。

我必須坦承，當我們處於哀痛之中，我不確定別人能否真正給予我們「了結」。我會更進一步地說：我甚至不知道在摯愛的人死去之後的「了結」是什麼。我們是想得到保證嗎？保證我們滿足了他們的需要？確認他們踏上了下一段旅程，也許在等待我們有朝一日加入他們？原諒我們曾經給他們帶來痛苦？還是說「了結」是替我們消除失去親人的痛苦，用平靜、舒坦或歡樂來取代？

在親人死後尋求「了結」的傳統儀式能讓我們感覺受到支持，也感覺到社群意識，精神信仰與宗教信仰則能提供額外的意義，當死亡似乎毫無意義可言。然而，在能說的都說了、能做的都做了之後，失去某個人就好比腹部被人重重踹了一腳，讓我們喘不過氣來，感到困惑，提出無人能夠回答的問題。人生沒有規則可言，而且不公平。有些人走進我們的生活，我們愛他們，有時候也會失去他們，然後我們就感覺孤單。

至少在理論上，你的老闆能夠告訴你為什麼你被解雇，你的男友能夠告訴你為什麼他和你分手，你的姊妹能夠告訴你為什麼她不再跟你說話。可是死亡是永遠的。失去所愛的人會給你留下傷口。不管「了結」對你來說意味著什麼，它可能給你帶來某種程度的慰藉，卻無法療癒那個傷口。

把哀悼的過程當成「了結」的一種形式

我可以肯定地說，哀悼的過程提供了希望，讓我們能度過失去親人的旅程。我不認為哀悼會按照預定的步驟展開，不認為它會在特定的時間內完成，也不認為它是可以預測的。但我的確相信每個人都以自己的方式走過哀傷。我也相信每一次失去都是獨一無二的。當一個人從你的生命中離開，你可能會以一種方式哀悼；當另一個人離開，你又會以截然不同的方式哀悼。

要度過哀傷，唯一確定的方式就是經歷這個過程。去傾訴，讓自己去感受，找到屬於你個人的方式來紀念死者。以繼承他們遺志的方式來過你的生活。

每一次失去摯愛的人，我們就展開了生活的新篇章：少了這個人的那一章。這可能意味著重大的改變，例如當我們失去了伴侶。這也可能意味著比較小的改變，例如當我們失去了一位同事或朋友。無論如何，那都意味著一個新篇章。某件好笑的事發生了，你會想和你失去的那個人分享，然後才想到你無法跟對方分享了。如果出現了一個問題，而你需要一些建議，他們會是最先浮現在你腦海的人選，直到你意識到他們已經不在了，無法再給你協助。假日和生日將會來臨，而你想要和他們一起慶祝，但是你無法再跟他們一起慶祝了。

當我們展開這個新篇章，我們可以敞開心扉，接受自己懷著傷痛，並且選擇與之同行，在需要時撫慰自己，但繼續前行。以這種方式走完你的哀悼過程，就是你給予自己的「了結」。

我的故事：爸、媽和我

我開始撰寫這本書時曾在第一章裡說過我個人的一個故事，而現在我將用我個人的一個故事來結束這本書。我的父母親已經不在了。在我父親臨終之時以及十年後我母親臨終之時，我對親人過世後的「了結」有了許多想法。我想在這裡跟各位分享。

我與父親經常意見不合。在我的工作領域，我和許多男性交談過，而我知道這個經驗並不罕見；許多人與自己父親的關係都很複雜。我父親生於一九二〇年代，那個年代的許多男性都被養育成只會表達一種情緒，也就是憤怒。他那一代的許多男性會在感覺憤怒時發怒，也學到在感覺恐懼、失望、悲傷時發怒。我父親經常發脾氣。在他身邊成長對我來說不總是件容易的事，而我猜想對他來說也並不容易。這個愛讀書的次子對他來說是個謎。他試圖用許多方式來幫助我，但是往往用發怒來表達，小時候我很難理解。用成年人的目光來回顧我的童年，我明白他是用他所知道的方式來養育子女，就跟大多數的家長一樣。他盡他所能地來當個父親，儘管他有自己的心魔。可是在當時，我們就是經常意見不合。

在我離家自立之後，父親試圖消除我們父子之間的隔閡，而我並不總是設法配合他。關於我們的關係我心中有許多感受，要去談我們父子之間發生的事似乎太難了。我告訴自己那對他來說也會太難，可是即使在當時，我也知道那是在替自己找藉口，因為我不想談論過去。

我在腦海中想像著有朝一日要跟父親進行的對話。我想告訴他在他身邊長大是什麼感覺，他在哪些方面幫助了我成長，在哪些方面沒有幫到我。我想讓他知道為什麼我有時候會用那種舉止對待他，也想要更加理解為什麼他經常會對我有那種舉止。最重要的是，我希望我們能原諒彼此。如今回顧，我意識到我想要的是和他做個「了結」。

當他日漸年邁，身體健康開始衰退，我逐漸意識到父親的時日不多了。儘管如此，我認為還有時間。我認為機會將會神奇地出現，就像在電影中一樣。我認為我們會在他去世之前得到「了結」。

有一年，我回密西根州去探望爸媽，那是我父親的最後一個聖誕節，但我當時並不知道。在聖誕夜，我感覺他有話想對我說。我記得在客廳裡坐在他對面，想著我該和他展開的這番對話。父親一向不擅長說出自己心裡的話，我本來可以替這番對話起頭，但是我沒有，反而對自己說我們將會找到更好的時機。肯定比聖誕夜來得好。於是我問他想看什麼電視節目，而那個時機就過去了。

在那個聖誕節之後的夏季，我父親病得很重，我們懷疑他罹患了癌症。當他和我母親前來紐約市探望我，他一臉病容，說話和動作都十分緩慢，我們有很多時間都坐在我替他們訂的市區旅館房間裡。我對父親的最後回憶包括我們在飯店餐廳共進的早餐，在他們要離開的那天早晨。他跟我說起一段往事，在他年輕時，他的公司曾經派他到紐約來出差幾天。這個故事我在成長的過程中已經聽過許多次，但是我覺得他需要我再聽一次。於是我聆聽了，彷彿我是第一次聽到這個故事。我對他說那想必是一次很棒的經驗，他對他的公司想必很重要。我覺得他需要我的肯定，需要知道身為父親，他做過我們父子都能引以為榮的事，需要知道他在這個世界上是重要的。我很慶幸自己當時夠留神，能夠給他這份他想要的肯定。在他離開紐約返回密西根之前，他拍拍我的肩膀說：「謝謝你總是願意聽我說話。」我回答：「不客氣，爸。

我永遠樂意聆聽。」

幾個月之後，他在醫院臨終之際，我去探望他。我知道我們仍然需要做這番談話，於是在某一天早晨，我一大早就去到醫院，在我的母親和手足抵達之前。我走進他的病房，看見他被施打了重藥，以幫助他忍受他所承受的痛苦。他已經神智不清了。我坐下來，開始哭泣，因為我知道尋求「了結」的時機已經過了，那個機會可能不會再來。而它也的確沒有再來，父親的神智再也沒有恢復清醒。

那天早上，他在睡夢中喃喃自語，稍微動了動身體，焦躁不安。我從椅子上起來，站在他身旁說：「嗨，爸，我在這裡。」我把手擱在他肩上，就讓我的手放在那裡。片刻之後，他停止喃喃自語，安靜下來，他的睡眠變得比較安詳。我認為他知道我們之間一切都好，我也有同感。我把手擱在他肩上，看著他安眠，俯身在他額頭上親吻了一下。

那就是我與父親達成的「了結」。那和我想像的不同，我真正想要的「了結」是聖誕夜的那番談話，或是我原本希望在醫院進行的那番談話。但我們得到的「了結」卻是這個，那並不夠，但我只能接受。

我母親的情況則大不相同。她人生的最後幾年走路很困難，基本上無法照顧自己。在那兩年裡，我每個月會和她共度一個週末，觀賞重播的警匪片，一坐就是幾個小時。我常會開車載她出去兜風，讓我們母子倆都能呼吸點新鮮空氣。我們會經過我們從前所住的街區，經過我上學的地方或是她成長的地區。

如今我明白我母親需要得到「了結」——不是跟我做個「了結」，而是跟她的人生做個「了結」。在我們開車兜風時，她告訴了我許多故事。她是如何長大的，家裡替她做了些什麼，但是她也告訴我那些應該要看顧她、照顧她的成年人對她做了些什麼。這些故事我以前從來沒聽過。而且老實說：一部分的我並不想聽這當中大多數的故事。我不願意去想後來成為我母親的那個小女孩當年過著貧困的生活，沒能擁有她所需要的東西，受到權威人物的欺凌，不曾得到她和我父親辛苦工作以提供給我們兄弟姊妹的機會。我咒罵那個老師，他不讓一個小女孩吃她爸媽所能替她準備的午餐，因為她弄不懂一個算術題目。我祝福那個農場主人，他把自己的太陽眼鏡給了一個在田裡幫忙父兄工作的小女孩。她也告訴我有關我父親童年的故事，使我更深刻地理解到他童年時所承受的痛苦。

這些故事聽著很難受，但我知道母親需要我知道這些事。這是她的「了結」。藉由回憶這些故事並且和我分享，母親在哀悼她的人生，而我陪著她一起哀悼。我說了許多次「我很難過發生了那種事，媽」。那是我唯一能說的話，我那樣說是真心誠意的。除此之外，我還能對那個生活如此艱苦的小女孩說什麼呢？在那兩年裡我給了母親許多次擁抱，用來代替我說不出的話語。在她起床時擁抱她，在白天裡擁抱她，在她上床睡覺前擁抱她並且在她臉頰上重重一吻。當我擁抱母親，我也擁抱了那個努力在世界上找到自己位置的小女孩，最終她成為一個非常保護子女的母親。她告訴我她有多愛我，我也告訴她我有多愛她。（我但願自己曾對父親多說過幾次我愛他。）

我最後一次和母親一起慶祝我的生日時，我姊姊帶來一個蛋糕，上面插著一支蠟燭。我看著母親試圖唱「生日快樂歌」給我聽。我謝謝她，謝謝爸媽替我慶祝過的所有生日。他們總是確保那是個特別的日子，有禮物和蛋糕，我猜想那是爸媽小時候都不常得到的。可以說我的父母用他們自己的方式把愛傳給了下一代，為此我永遠感激他們。

我清楚記得我搭哥哥的車去參加母親的葬禮。小時候我最害怕的一件事就是失去母親，而我必須去參加她的葬禮。現在，我正在經歷那一刻。我想起小時候有一次，我氣她要我整理房間，於是我仰頭對上帝說：「我準備好了，就等祢了。」當我在成年之後告訴母親這個故事，她問我上帝該為誰做好準備，而我說可能是為她。我們母子倆都笑得前仰後合。我感謝上帝沒有聽我的，感謝祂讓我長大成人，直到中年父母都還健在，真是天賜的禮物。

當我們抵達墓園，我看著我的哥哥、姊姊和弟弟。我滿腦子都是我們小時候的回憶，我們如何互相扶持，如何吵吵鬧鬧，父母如何教導我們要互相照顧。如今我們已是成年人，各自在人生中找到了自己的位置，一起把母親的棺木抬到她最終安息之處。四個子女都獲得了（或將要獲得）我父親渴望得到卻沒有機會得到的教育。我感覺到我爸媽對子女的愛有多深，他們的表達方式未必都能受到兒童心理學家的稱讚，但那是他們所知道最好的方式。

在那一刻，我和我的許多諮商當事人感同身受，他們從我的面紙盒抽取紙巾拭淚，哽咽地說出他們但願能再有機會向一位已逝親人說出的話語。我感受到他們的痛苦。那提醒了我生命的脆弱，我們和摯愛的親人共度的每一刻都彌足珍貴。

在我把她留在墓園之前，我輕輕拍了拍母親的棺木。謝謝媽，也謝謝爸。

我母親對她人生所做的「了結」是分享那些她從未與我分享過的故事，她需要說出來的故事。我與母親所做的「了結」是盡我所能地向她表達我的愛，從聆聽開始，這是我們能夠給予別人最好的禮物之一。再加上許多擁抱，以及我的陪伴。她想要的就是這些。

母親去世後的那幾年，我不再慶祝節日。那些回憶太痛苦，而我還無法控制自己的情緒。但是現在我又重新開始慶祝節日了。對我爸媽來說，聖誕節是一年當中最歡樂的時光；我母親一整年都在計畫過聖誕節，每週攢下幾美元，好讓我們能擁有她和我父親小時候從未擁有過的節日。如今我會和朋友聚在一起，共享節慶的精神。而且每一年，就我能力所及，我嘗試與那些沒有能力替小孩購買聖誕禮物的人分享。這樣做以及和朋友共度時光帶給我歡樂，也是我爸媽的遺教。

當我寫下有關失去雙親的這一段，我哭了，但是把我的故事告訴各位，也讓我多感覺到一些「了結」，在我的哀悼過程中再向前邁出了一步。我希望分享我的經驗能幫助你們了解自己的經驗。

本章結語：一個篇章必須結束，新的篇章才能展開

死亡根本地證實了生命不在我們掌控之中。當我們失去某個人，那種痛苦可能會讓人覺得難以承受。想要得到「了結」乃是人之常情。而我的確認為我們能夠以各種不同的方式得到「了結」。但是我不認為別人能夠在某個人去世時給予我們「了結」，沒法真的給予我們。別人能夠給我們安慰，但無法給我們「了結」。

但我也認為（而且真心這麼相信），在失去親人之後，我們並不像自己可能認為的那樣需要「了結」。「了結」能有助於我們心安，幫助我們感覺受到支持，但卻無法消除失去親人的痛苦，儘管我們可能希望它能。以我的經驗，應付這種痛苦的方式是學習與之共處，與之同行，感謝自己能夠觸及人性核心

的柔軟之處，讓我們能感受到失去親人的痛苦。要無畏地放棄使痛苦消失的抗爭，因為痛苦不會消失。失去與痛苦乃是人生的一部分，藉由接受這一點，我們使自己能夠變得更有愛心、更樂於付出、更願意接納。培養我們自己，並且在我們自己以及周圍之人的生活中，全心傳承已逝親人的遺教。

這就是我們的療癒，這就是我們得到的「了結」。

CONCLUSION

結論：向前邁進

在這本書裡，我們從不同的角度來仔細思考過「了結」——它是什麼，我們為何想要它，如何得到它，以及在得不到的時候該怎麼做。現在我想做個總結，藉由分享我身為心理健康專業人員從工作中得到的一些想法，希望當你在自己生活中尋求「了結」時，這些想法能對你有所幫助。

減少對「了結」的需求

如果把健康的溝通當成一種日常習慣，就能減少需要「了結」的情況發生的頻率。專注於當下，留意充分溝通的機會，這能幫助你避免製造出要靠「了結」來解決的遺憾。請注意，這並不表示你應該避免衝突，因為避免衝突往往會使不愉快的感覺更加惡化，從而使你對「了結」的需求甚至更為強烈；而是表示如果溝通得當，衝突自然會減少，即使發生衝突，也比較容易解決。以下是最重要的幾個原則，請牢記在心。

- **本著意圖去溝通**。如同我在前面幾章（尤其是第八章）所討論過的，「意圖」是有效溝通的關鍵要素。要確實知道自己想藉由溝通達到什麼目的，留意以最具同情心的方式來表達自己，並向對方闡明你的意圖。
- **讓你的家成為表達情緒的安全空間**。如果你或你的家人對待彼此都必須戰戰兢兢，這就不是有效的溝通。和你的伴侶一起努力，坦誠面對彼此的情緒，能夠分享情緒而無須害怕受到批判或斥責。教導你的小孩放心談論情緒，而不要隱藏情緒。
- **想保持初學者的心態**。當你發現自己在排練對話或是說「我知道事情將會怎麼發展」之類的話，你就是在強行把你們的對話塞進一個框架，這番對話將會像之前的其他對話一樣開始、一樣結束，不會有任何進展。每一次對話都是全新的，因此請以開放的心態展開對話，準備好表達你自己，也準備好聆聽。

● **找出「房間裡的大象」**。不僅是我們所談的事可能會導致我們將來需要「了結」，我們沒有去談的事也一樣。不要任由憤怒、恐懼、無助……這些情緒被推到一旁或是被忽視。你是有感覺的，而你試圖與之溝通的對方也有感覺。為什麼要假裝沒有呢？

● **解決日常生活中的疙瘩**。如果你心裡有事，就說出來。不要讓它在內心發酵而引發怨恨。不要錯過任何一個機會去表達善意、道謝、表示讚賞。如果有一個小小的疙瘩困擾著你，就不妨折返，去把它解決。

掌握自主的能力

想要得到「了結」可能會讓人感覺權力不握在自己手中，因此，重要的是從能夠增強自主能力的立場來處理「了結」，因為當權力不握在自己手中，尋求「了結」難免會導致更多痛苦，從而使我們持續渴望「了結」。

對我來說，掌有自主的能力意味著讓你能夠自由地做自己。忠於你個人的價值觀，相信你的想法、觀念和意見乃是合理的，去感覺自己的感受。這意味著尊重自己，也期待受到別人的尊重，同時也給予別人同樣的尊重。掌有自主的能力並不表示要咄咄逼人或是對別人頤指氣使，而意味著擁有自信與自尊，對自己和其他人展現出同情。在理想的情況下，掌有自主的能力伴隨著責任，包括願意敞開胸懷去聆聽，一如你希望被別人聆聽。以下是幫助你掌有自主能力的幾個小訣竅。

- **肯定自己**。當然，我們需要別人的認可來幫助我們感覺受到肯定，但是我們也需要自己肯定自己。這意味著給予自己鼓勵，不要屈服於自我批評的聲音，確保我們在照顧別人時優先考量自己的需要，追求自己的興趣，讓我們能持續成長，並且照顧好自己的健康。不去肯定自己就會使你去尋求別人的認可，從而不再把權力握在自己手中。
- **不必為了你是什麼樣的人而道歉**。掌有自主能力意味著允許你做自己而無須道歉。這並不表示你可以任意去造成別人的痛苦，但這表示你可以活出真實的自我，不管別人希望你成為什麼樣的人。如果尋求「了結」是試圖讓別人接受或認可你真實的自我，這是不可能成功的。做自己不需要任何人的許可。

- **允許別人做他們自己**。接受其他人，不要試圖去改變或控制他們，這能給彼此都帶來自由。如果尋求「了結」的目標是想去改變其他人的想法、感受或行為，這並不會帶來「了結」，只會使你不再把權力握在自己手中。
- **懷著善意說出你的想法**。誠實地說出你的想法，即使在當下會傷人，最終卻會獲得感謝。如果你對別人不真誠，別人會更難受——例如，如果你讓別人假定你對某件事沒有異議，最後卻告訴他們你其實不同意。因此，在當下就要坦白，讓別人知道你的立場。你可以懷著善意與同情來說出你的想法，不必咄咄逼人。

尊重他人的界線

在心理健康領域以及流行文化中，我們都經常談到界線。當我們尊重彼此的界線，我們就允許其他人做自己，同時也允許我們做自己。健康的界線使我們認清何時我們可以提供幫助，何時必須讓別人自己設法解決問題，支持他們，但不要代勞。在試圖得到「了結」時，認清界線能幫助你避免使一方或雙方受到情緒操縱，而無法再把權力握在自己手中。要如何尊重他人的界線？下面是幾個小訣竅。

- **放棄對控制的需要**。想要控制自己的生活乃是人之天性，畢竟我們天生就想要避免不確定的事物。然而，由於我們需要控制權，我們往往也試圖控制他人。尋求「了結」可能是試圖控制對方，或控制你們之間的關係的一種方式，試圖用你認為可以接受、但對方無法接受的方式來解決問題。謹防你需要去控制他人。謹慎考慮你本著什麼樣的意圖去尋求「了結」，確保你沒有控制之意。
- **切記：「縱容對方」就是不再把權力握在自己手中**。縱容他人的破壞性行為，不管該行為是對你有害、對你們的關係有害，還是對他們有害，都會導致你們雙方都失去握在自己手中的權力。這也可能是讓對方持續處於需要照顧的狀態、讓你以照顧者的身分去控制對方的一種方式。追求「了結」有可能是縱容對方的一種方式，例如，如果你請求對方原諒是因為你想對他們的不良行為「寬宏大量」，雖然你內心並沒有覺得自己做錯了什麼。這可能讓你覺得自己仁慈而富有同情心，但最終這只會助長有害的行為繼續發生而無須承擔後果。

- **你也可以劃清界線**。這話聽起來雖然很殘酷，但是我們在生活中遇到的人未必都把我們的最佳利益放在心上。有些人本身的煩惱太多，過度沉溺於自己的私心，過度受到世界的傷害，使他們無法用尊重與善意來對待別人。如果跟這樣的人尋求「了結」有可能對你造成更多傷害，你就有權劃清界線並且走開。

知道自己何時需要幫助

達成「了結」有可能大大促進你的心理健康，可是如同你從閱讀此書（或是從你自己的生活中）所得知的，要達成「了結」可能很費力，而且往往根本達成不了。再加上，無論一開始是什麼情況導致你需要「了結」，那個情況可能也對你的情緒健康構成挑戰。身為人類，我們不該孤軍奮戰。當你向能提供支援的人際網路或心理健康專業人員求助，請注意下面幾點。

- **要有自覺**。留心你的想法和感受。捫心自問，你想尋求「了結」的意圖在心理上是否真的健康，還是這些意圖乃是源自你本身未被滿足的需要、你不斷重複的內心故事、乃至於渴望傷害對方。「自我覺察」可能意味著向自己承認得到「了結」對你來說有多重要，並且盡你所能地去得到它；「自我覺察」也可能意味著向自己承認該是走開並且選擇「接受」的時候了，不管這個決定可能有多痛苦。「自我覺察」能使你把權力握在自己手中，因為它是保護你自己和他人免受情緒傷害的關鍵。
- **求助是勇敢的行為**。身為心理健康專業人員，我經常聽到諮商當事人說起求助有多難，說求助使他們覺得軟弱，或是害怕別人會認定他們軟弱。讓我告訴你我過去曾經對自己說過的話，也是我經常對朋友、家人以及諮商當事人所說的話：求助是最勇敢的行為之一。這表示你在為自己做正確的事，即使這令你害怕。你不必孤軍奮戰，要尋求幫助。

- **不要自尊心太強而不敢求助**。求助很難，卻也很簡單。說它很難是因為我們人類不喜歡承認自己需要幫助。說它簡單是因為求助就只需要幾個字：「我需要幫助。」別讓你的自尊心妨礙你在需要幫助時尋求幫助。

關於「了結」的幾點結語

在本書接近尾聲之際，我想給你一些最後的提醒。當你在今後的日子裡思考「了結」對你意味著什麼，我希望這些提醒能對你有點意義。

- **每天都達成「了結」**。當日常生活的小誤會隨著時間累積起來，得到「了結」就變得愈發困難。逃避得到「微小了結」的機會可能會製造出更難解決的大問題。每天都在日常互動中練習「本著意圖的溝通」並達成「了結」。微笑並且道謝。告訴你所愛的人，他們對你來說有多重要。當你覺得自己遭受誤解、不被尊重或是不被珍惜，就要大聲說出來。趁著問題尚未變得複雜乃至危及你的人際關係之前，先把它們解決。

● **要求「了結」並無不可。**缺少「了結」會長期困擾你，在你腦中累積，導致怨恨、憤怒、拒絕付出情感的行為。允許自己在需要時尋求「了結」。這不僅對你自己有益，也有益於你的人際關係。要願意展現出自己的脆弱，敢於冒險，以達到誠實的溝通，為了你本身的健康與自尊去做你需要做的事。

● **隨時都要懷著同情心行事。**如果書本有霓虹燈，這個重點就會以三原色閃爍。嘗試每一天都懷著同情、善意、尊重與開放的心態去對待別人。同情心始於家庭，始於你自己的心靈。對自己的負面意圖會投射到外在世界。因此，先對自己展現出同情心。先關掉自我批評與自我批判的聲音，要善待他人就容易得多。我可以肯定地說，這比不懷善意和咄咄逼人要節省精力。有時候我們能做到，而且做得很好；有時候我們做不到，而向自己承諾明天會做得更好。我們就只是必須要盡力而為。

● **敞開胸懷去聆聽**。聆聽是我們能給別人最棒的禮物之一。當你尋求「了結」，要願意聆聽對方想說的話以示尊重。你可能會了解到你們關係中你原本沒有意識到的事。你可能會了解到，你感覺受到的冒犯其實是源自對方所受到的冒犯。你可能會發現在你預期將與對方分道揚鑣時，「了結」使你們的關係有了前進的方向。你可能會經歷意料之外的成長。

最重要的是：想得到「了結」乃是人類與生俱來的渴望。尋求「了結」的方式有的健康、有的不太健康，放棄尋求「了結」的方式也一樣。導致我們渴望「了結」的種種掙扎，不總是會使我們表現出最好的行為，但是你生氣不表示別人就得要受苦；反之，當個好人不表示容許自己受到別人行為的傷害。當你尋求「了結」，要本著意圖並且懷著同情；而當你不可能得到「了結」，就該放棄，轉而欣然選擇「接受」。在尋求「了結」的過程中，最重要的是懷著善意與尊重來對待自己和他人。愛你自己，保護你的心。

ACKNOWLEDGMENTS 致謝

我萬分感謝在我寫作此書的過程中挺身支持我的許多人。

首先，我要感謝我的四大支柱，按照出現順序的先後：

我的好友凱西・沙爾普（Kathy Sharpe），她讀了我替自己個人網站所寫的一篇有關「了結」的文章，用一封電子郵件回應：「這應該寫成一本書。」她持續關注我的進度，並且一路鼓勵我。

我的文學經紀人大衛・佛爾（David Forrer），他在我編寫目錄與章節樣稿時提供了寶貴的指引。我特別感到幸運的是，他對書籍的熱情也包括了對我這本書的熱情。我一直都感激他的樂觀與建議。

TarcherPerigee 出版社的副總兼主編瑪莉安・里席（Marian Lizzi），她給了我這個難得的機會，讓我的文字得以在我心儀的出版社印行，她也在我寫作的過程中提供了專業的洞見、周詳的指導與善意的鼓勵。

TarcherPerigee 出版社的傑出編輯蘿倫・歐尼爾（Lauren O'Neal），她耐心地指引我把草稿轉化成精鍊的定稿。她卓越的編輯技巧使得編輯的過程成為一段愉快時光。她對我想要表達的意思理解之透徹令我驚訝，她在組織與釐清我思路時提供的指導也不時令我感到驚奇。

我要感謝中學時代的兩位英文老師，戴爾・席爾（Dale Seal）和雪柔・考克斯（Cheryl Cox），他們看出了我對閱讀與寫作的熱愛並且加以培養；我也要感謝我從前的主管與職場導師里奇・摩爾（Rich Moore），他在許多年前曾對我說：「你可以寫一本書。」

我一向有幸在身邊擁有許多朋友與同事，他們在我完成此書時持續關注我的進度並給我鼓勵。我希望他們知道我是多麼感激他們。

多年來，找我諮商的當事人教給了我許多有關「了結」的事。我很榮幸能和他們一起走上這趟「了結」之旅，在與他們分享經驗時我學到了很多有關「了結」的事，而他們也促使我釐清自己對「了結」的想法。

心理健康專業人員以及業餘心理學家，可能都注意到我的做法反映出「理性情緒行為治療」、「正念」和「存在主義」的影響。我要分別感謝亞伯・

艾里斯（Albert Ellis）、佩瑪．丘卓（Pema Chödrön）和維克多．弗蘭克（Viktor Frankl）。

我的哥哥迪克、姊姊貝芙和弟弟戴夫、我的嫂嫂泰蒂和弟妹雪莉，還有他們的子女都替我加油——如今通常是從遠處，透過電話和群組訊息。還有我的另一個兄弟克勞狄歐，他分享了我的興奮，也和我分享他拿手的青醬筆管麵，而他也會在我需要時問我：「你不是應該在寫作嗎？」如果答案是肯定的，我就需要去寫作。我也感覺到我的好友柯爾德以及我摯愛的父母與我同在，他們一如既往地以我為榮並且替我打氣，從天上。

國家圖書館出版品預行編目資料

把內心的遺憾收拾乾淨：了結心中的每個「放不下」，讓心回歸清爽 / 蓋瑞・麥克萊恩博士 (Gary McClain, PhD) 著；姬健梅譯 . -- 初版 . -- 臺北市：平安文化，2025.7　面；　公分 . --（平安叢書；第852種）(UPWARD；181)
譯　自：The Power of Closure: Why We Want It, How to Get It, and When to Walk Away

ISBN 978-626-7650-55-4（平裝）

1.CST: 自我實現 2.CST: 生活指導

177.2　　114007763

平安叢書第 852 種
UPWARD 181

把內心的遺憾收拾乾淨

了結心中的每個「放不下」，讓心回歸清爽

The Power of Closure: Why We Want It, How to Get It, and When to Walk Away

作　　者—蓋瑞・麥克萊恩博士
譯　　者—姬健梅
發 行 人—平　雲
出版發行—平安文化有限公司
台北市敦化北路 120 巷 50 號
電話◎ 02-27168888
郵撥帳號◎ 18420815 號
皇冠出版社（香港）有限公司
香港銅鑼灣道 180 號百樂商業中心
19 字樓 1903 室
電話◎ 2529-1778　傳真◎ 2527-0904
總 編 輯—許婷婷
副總編輯—平　靜
責任編輯—陳思宇
美術設計— Dinner Illustration、李偉涵
行銷企劃—鄭雅方
著作完成日期— 2024 年
初版一刷日期— 2025 年 7 月

法律顧問—王惠光律師
有著作權 ・ 翻印必究
如有破損或裝訂錯誤，請寄回本社更換
讀者服務傳真專線◎02-27150507
電腦編號◎425181
ISBN◎978-626-7650-55-4
Printed in Taiwan
本書定價◎新台幣 450 元 / 港幣 150 元